潍坊教育
解密丛书

主编 田慧生

用课程

改变教育

——潍坊新课程改革解读

教育部基础教育
课程教材发展中心 编

Changing Curriculum to Reform Education

教育科学出版社

·北京·

丛书编委会

编委会主任：

田慧生

编委会副主任：

刘月霞　李振村

编委（按姓氏笔画排序）：

付宜红　田慧生　朱文君　刘月霞

李振村　李　斌　张国华　陈洪杰

潍坊教育改革为什么能创造奇迹？

田慧生 ｜ 教育部基础教育
课程教材发展中心

任何发问都是一种寻求。

——海德格尔

2009 年 10 月，教育部基础教育课程教材发展中心对潍坊市 2.4 万名学生的大样本测评显示：潍坊市中小学生的每日作业量远低于全国常模，居全国领先位次，学习压力水平更是全国最小。

2012 年 10 月，我中心再次在全国开展大样本教育质量检测，潍坊市的成绩同样优异：潍坊市中小学生在学业水平、睡眠时间、作业时间、自信心、学习动机等方面均明显优于全国常模，且多数指标较 2009 年有更好表现，继续呈现"轻负担、高质量"的发展态势。

2012 年到 2014 年，山东省教育厅、山东省统计局联合对山东各地市学生负担情况进行系统调研，综合小学七大方面、中学十大方面的测评结果，潍坊市中小学生连续三年在山东省 17 个地市中课业负担最轻。

……

这些测评结果虽然是区域教育整体的一个侧面，但窥一斑而知全貌，却也实实在在地反映了潍坊教育改革的成效。

与此同时，潍坊作为国家课程改革的首批实验区，作为教育部基础教育课程教材发展中心指导的第一个实验区，我关注潍坊也有 20 年之久。这么多年来，许多在其他区域很难推动和落实的教育改革难点问题，潍坊都交出了令人满意的答卷。

校长职级制改革，在全国率先取消校长行政级别，摘掉了校长头上的"官帽"，构建了新型的政校关系，让校长回归按教育规律办学的专业定位，为"教育家办学"提供了制度保障。

中考制度改革，改的是中考，动的却是整个基础教育评价体系。"多次考试、等级评价、综合录取、自主招生"形成了蝴蝶效应，有效破解了学校的分数情结，大大扭转了应试教育倾向，规范办学得到保障，学生综合素质的发展受到了前所未有的重视，素质教育稳步前行。

督导改革，潍坊率先成立督导评估中心，实行督导责任区制度，引入第三方评价，构建了立体督导体系。这不仅改变了教育行政部门"既当运动员又当裁判员"的尴尬局面，更为区域教育注入了专业精神，让各方轻装上阵，将时间、精力和关注点聚焦在规范办学、为师生的发展服务上。

教育惠民服务中心成立，潍坊市教育局主动打破部门条块分割的藩篱，把自己推到公众面前，提供"一站式"服务。这和有的机关部门千方百计回避和搪塞百姓需求形成了鲜明对比！新型的公共教育管理体制在潍坊初步形成，教育行政部门从"管理"向"服务"的转型得以实现。正因此，潍坊人民对教育的满意度，连续六年位列全市各行业第一。

潍坊的教育改革敢为人先，充满创意，形成了"潍坊现象"、"潍坊奇迹"，为全国的教育改革探索做出了突出的贡献！

现象背后，隐藏着实质。

值得追问的是，十多年间，为什么一项项极具创新意义的教育改革都在潍坊发生，且能开出灿烂繁花，结出累累硕果？

第一，是潍坊党政领导的支持、重视。在潍坊，教育一直是党政领导着力打造的城市名片，被置于优先发展的地位。正因此，一份中考改革方案可以上市长办公会；正因此，相关部门能主动放权，积极推动校长职级改革和"管、办、评"分离；正因此，每年的学校督导成绩会被晒在《潍坊日报》上，和党政一把手的政绩考核与升迁直接挂钩……党政领导的支持，给了潍坊教育改革先天的底气和自信。特别值得一提的是，潍坊市教育局在局长的选用上，充分体现了他们的胆识和智慧，体现了对专业的敬畏与尊重。从李希贵到张国华，再到现任局长徐友礼，他们都是教师出身，都对教育充满了热爱，都有强烈的责任感与使命感。难能可贵的是，对于李希贵开创的改革事业，后任者不变道、不拐弯，持之以恒，久久为功，而这些对教育事业而言，恰恰是极为宝贵的！

第二，潍坊形成了教育家办学的氛围，形成了教育家群体。潍坊的教育改革形成了良性循环：改革推动了教育家办学，推动了教育家群体的形成；教育家群体的形成又进一步强化了教育家办学，推动着潍坊教育改革持续创新、保持卓越。这里有昌乐二中、诸城一中、高密一中、广文中学、龙源学校、奎聚小学等课改名校。这里走出了李希贵、潘永庆、崔秀梅、赵丰平、赵桂霞、于美霞、姜言邦、韩兴娥、吕映红、李虹霞等教育大家和全国名师。

第三，注重改革策略，全局推动，综合突破。教育改革是一项系统工程，必须突破常规思维和策略，进行系统性的考虑。在这方面，潍坊教育人动足了脑筋。摘了校长的"官帽"，还要以校长遴选制度、任职制度、薪酬制度等来保证效果；改变"分分计较"的中考格局，以综合素质考评、特长录取、校长推荐等来优化人才选拔……教育也是社会、家庭共同关注的事情，潍坊教育局在改革推进的过程中始终注意公众的教育知情权，畅通沟通渠道、透明改革过程，从而将可能反对改革的社会力量化成监督的力量、支持的力量。像中考改革这样触动千家万户利益的事情，潍坊百姓却心悦诚服，这不得不说是个奇迹。

第四，注重发挥制度的力量。"改到深处是制度"，这是潍坊教育人经常说的一句话，也是对潍坊教育改革经验的经典总结。改革意味着利益格局的调整，教育改革常常意味着教育行政部门放弃自己的权力和利益。潍坊市教育局正是通过制度建设，避免了因新的利益博弈而可能带来的改革退步，从而让新制度保障新举措，新举措成为新常态，让新常态保证潍坊教育在新的水平上高质量运行。潍坊教育改革，还注意发挥制度的合力，不仅一项教育改革内部通过制度建设来达成改革目标，不同教育改革之间，也形成了相互支持、相互配合的态势。比如校长职级制、教育督导、中考改革共同保证了素质教育能落到实处。这再一次体现了潍坊教育改革的整体、综合思维和开拓、创新精神。

长风破浪会有时，直挂云帆济沧海！潍坊的教育改革很好地体现了《国家中长期教育改革和发展规划纲要(2010—2020年)》提出的理念和路径，为全国有志于教育改革和创新的教育行政领导、教育工作者指明了工作的思路和方向，也为区域整体推进教育改革的探索提供了典型案例，值得我们学习和借鉴。

潍坊教育的百花园里已花开朵朵，草木葱茏。希望潍坊教育改革的春风能吹遍大江南北，染绿教育的山川丛林，唤醒一个百花盛开的教育春天！

是为序。

目 录

改变，从课堂开始

石金彦老师的"语文主题集结"教学课堂

看上去有点乱，实际上都在学

于化红老师在课堂上

于美霞和她的学生们

郝志坤老师在课堂上

潍坊十中成为全国初中教育改革经验现场会会场之一　　　　　　"轻负担高质量"论坛现场

全国初中教育改革经验现场会十中会场

顾明远专注地听学生们的交流

朱小蔓与老师交流

顾明远、朱小蔓对潍坊的教学改革给予高度评价

课程改革成功的标准是什么？在乱花渐欲迷人眼的喧嚣中，潍坊教育从来不迷信外在的繁荣。

即便高考成绩已经连续十几年毫无悬念地在高考大省山东遥遥领先；

即便教学质量的提升已成为潍坊教育的常态并成为潍坊的"城市名片"；

即便每年来潍坊考察学习的教育界同人成千上万，甚至一个山村小学也有全国各地的"朝圣者"纷至沓来；

即便教育部基础教育课程教材发展中心组织的专家在潍坊进行大样本测评后，给出了领先全国的教育数据；

……

潍坊教育人都没有将这些作为骄傲的资本或宣传的重点。

在他们看来，要判断课程改革是否成功，就要把目光投向课程改革最基础的细胞——课堂，就要看看千万学子每一天在课堂中的状态。

1 | 潍坊的学生都动起来了

自 2010 年秋到 2013 年春，香港中学校长会先后组织六批校长和骨干教师来潍坊考察课堂改革。他们利用假期时间，自费前来学习，从前一天的晚自习开始仔细观察，详细询问。听课更是从第一节听到最后一节，中午不休息，晚上还有工作坊讨论白天的收获，其认真、虔诚的态度，深深打动了陪同他们的潍坊教育同行们。

"潍坊的课堂好在哪里？"时任潍坊市教育局局长张国华忍不住好奇，询问考察团领队——时任香港中学校长会主席、香港田家炳中学校长阮邦耀博士。阮博士认真地说："潍坊的学生都动起来了！"

2001 年，课程改革启动。基于调研，潍坊市教育局制定了"学科教学建议"，组织达标验收，自上而下从行政上推进课堂教学改革。验收过程中，验收组发现作假现象严重：验收听课时老师按要求上，但常态课还是按原来的上。

2003 年，第三次达标验收工作没有按计划执行，第一次课堂教学改革以失败告终。不过，这轮课改起到了重要的启蒙作

香港中学校长会在潍坊广文中学考察（中为阮邦耀博士）

链接

敢于质疑的潍坊学子

奎文区日向友好学校有一名学生，历史书读得特别多。有一次，他拿着《上下五千年》找到语文老师孙莹霎说："老师，不对呀！课文里讲到甲午战争时，说的是中国海军，其实在那个时候中国还没有'海军'这个称呼，正确的说法应当叫'水师'。"

高密市立新中学一个学生，发现了英语课本中的一处错误，马上对英语老师王雪慧说："老师，这本书印锘了。"王老师请教专家后，认定课本的确出错了。于是，学生们联名给出版社写了一封信，指出了书中的错误。

昌乐二中的地理课，学到黄河治理时，课堂上刮起了一阵头脑风暴：有的学生认为，植树是防止水土流失的上策；有的学生认为，盲目植树会破坏水生态环境。一个学生突发奇想，建议'可以修筑新河道，以免其决口'。有趣的是，课堂擦出的这些火花，有的竟然与东营市的黄河两路入海工程的设计思路不谋而合。

潍坊的学生在课堂上动起来的不仅仅是森林般举起的小手，而且还有了独立思考，有了质疑的声音，有了真的话语权。

自主、合作、探究已逐渐成为潍坊学子们最主要的学习方式，学习已成为他们享受生命快乐的旅程。

而这一切，都得益于潍坊教育人对课堂教学改革的执着探索。

组内讨论，共享智慧

潍坊课堂教学改革历程

2001 年	●	课程改革启动
2003 年	●	达标验收工作夭折
2004 年	●	提炼课堂教学改革雏形
2005 年	●	开展重大教育教学问题行动研究
2006 年	●	确定"自主·互助·学习型"课堂的概念、基本理念和流程
2008 年	●	提出"三个全面"、"三个还给"
2009 年	●	进入学校改革创新发展新阶段
2010 年	●	课程整合研究受到学界关注
2011 年	●	潍坊课堂教学改革经验又一次推向全国
2012 年	●	在全省进行的中小学生课业负担首次调查中，中小学生课业负担均全省最轻
2012 年	●	推出"轻负担、高质量"成果体系
2013 年	●	潍坊教育在"人民群众满意度"调查中第三次蝉联第一
2014 年	●	潍坊市"双改行动"联盟学校建设项目启动

用，沿用至今的"三讲三不讲"和"三布置三不布置"，在那段时间里提出并从理念层面被广泛认可，尽管那时还难以落到实处。

2004 年 10 月，基于昌邑市饮马镇杨屯小学于美霞老师教育实践的"小学数学小组互助教学法"诞生，并获首届"创新燎原奖"，潍坊教育人后来推崇的"自主·互助·学习型"课堂初具雏形。

2005 年 9 月，潍坊市教育局在面向全市调研征集问题的基础上，启动了"以调整教学关系，减少讲授时间"为重点的课堂教学改革，致力于破解"教师讲授时间太多，课堂效益不高"这一影响教学质量的首要问题。采用"点上突破，示范带动"策略，选取潍坊一中、潍坊二中、潍坊五中和潍坊十中作为首批试点学校。

2005 年 12 月，潍坊市教育局印发了《关于开展 2006 年重大教育教学问题行动研究的意见》的通知，从面向全市征集的近3000 个问题中整理出 16 个问题，作为 2006年全市重点攻关突破的教育教学领域的重大问题，"学科课堂效益与教学讲授时间研究"列在首位。潍坊十中、潍坊一中成为重点研究团队。

2006 年 5 月 9 日，教育部"十一五"重点课题"创新教育研究"开题暨中国教育学

潍坊市教育局办公室文件

潍教办字〔2007〕71号

关于公布二〇〇六年重大教育教学问题
行动研究成果奖的通知

各县市区教育局、市属各开发区文教局、各直属学校：
　　重大问题行动研究开展以来，各县市区教育局、教研室和广大学校积极参与、深入研究，取得了较好的效果，come到是潍城区教育局把重大问题研究作为工作重点，专人负责，责任明确，建立保障机制，广泛宣传发动，积极开展研究，使绝大多数学校都参与到研究中来，有效地促进了广大教师的研究能力和教育教学质量的提高。在这次研究中取得了优异的成绩。
　　为全面总结我市开展 2006 年重大教育教学问题行动研究工

传 真 电 报

关于公布 2006 年重大教育教学问题重点
研究学校（单位）的通知

各县市区教育局、市属各开发区文教局、各有关直属学校：
《印发关于开展 2006 年重大教育教学问题行动研究的意见的通知》（潍教字〔2005〕51号）下发以来，各县市区教育局根据文件要求，积极发动中小学校，组织人员，广大教师争相研究项目，在初步论证、审核把关的基础上，共上报了 122 个重

会创新教育实验区启动大会在潍坊召开，首次提出"自主·互助·学习型"课堂的概念、基本理念和流程。时任教育部副部长陈小娅女士亲临潍坊十中，并给予高度评价。

2007 年 10 月，潍坊市教育局颁布潍教办字〔2007〕71号文件，公布首届"潍坊市重大教育教学问题行动研究成果奖"获奖名单，表彰了 37 项优秀研究成果。潍坊十中的"学科课堂效益与教学讲授时间研究"获迄今为止的唯一一项特等奖，奖金 10 万元，专门用于奖励在成果研究过程中做出突出贡献的领导和教师。

2008 年 1 月，山东省政府在潍坊召开全省素质教育工作会议，会议的主题与决议最终凝聚为"三个全面"、"三个还给"：全面建设合格学校、全面落实国家课程方

案、全面培育合格学生，把时间还给学生、把健康还给学生、把能力还给学生。潍坊在会上提供了参观现场和素质教育经验。从那时起，潍坊又一次以素质教育的身份来到课程改革的前沿。

2009 年 12 月，潍坊市潍教办字〔2009〕107 号文件表彰了潍坊市推进素质教育发展、深化特色学校建设和"自主·互助·学习型"课堂研究先进学校，开启素质教育背景下的学校改革创新发展新阶段，对课程与教学有了自己的价值定位。

2010 年，在沂山脚下的一座小学里，潍坊市课程整合在这里开始进入深度研究阶段。如何在国家课程、地方课程、校本课程的实践基点上找到适合学生发展的理想切入点，从学校到潍坊教科院，到来自全

国的专家在这里探索体制内的破解空间。事实证明，潍坊的课程整合开启了中国学校教育发展的课程时代。

2011 年 10 月，全国目标教学会议在潍坊召开，这是潍坊市课程改革、校本研修迎来的又一次大检阅。潍坊市的课程与教学改革经验在会上作了典型推介，主要聚焦以下几个方面：一是潍坊市课程改革课堂教学改革区域经验汇报；二是校长如何领导学校课程教学改革，促进学校发展；三是教师如何通过课程教学改革提升专业成长。潍坊经验引起全国学界关注，山东省教育厅副厅长张志勇给予了高度评价。

2012 年，经过一次次的研讨、一轮轮的跟进、一场场的推介，代表着潍坊课程教学改革核心成果的"轻负担、高质量"成果体系构建起来了。

2013 年，潍坊教育又一次在全省社情民意调查中收获小学、初中、高中皆为第一的好成绩，"办人民满意的教育"在这里已经成为一种教育新常态。学生综合素质测评继续居全国前列，中小学生课业负担继续在全省最轻……标志着潍坊素质教育成果、课程改革成果逐渐固化。

2014 年，潍坊市"双改行动"联盟校建设项目启动，这项旨在"开齐开好国家课程，推进学校课程建设，加强学校课程领导团队建设，深化课堂教学改革，大力推进特色学科建设与特色活动开展"的研究项目，将构建起新的"轻负担，高质量"教育生态，开辟潍坊课程教学新领导者地位。

……

2 "自主·互助·学习型"课堂

潍坊学子在课堂上敢于质疑、善于表达、乐于交流的蓬勃状态，和"自主·互助·学习型"课堂的教学范式密不可分。正是由于这一课堂教学范式的推行，才让潍坊的课堂教学面貌有了整体的提升和大幅度的改观。

什么是"自主·互助·学习型"课堂的教学范式呢？简单地说，这是一个教学模型，也是一个课堂教学系统，它包括：课堂教学基本流程、核心价值理念和相配套的学生管理机制。

■ 课堂教学基本流程

这一教学基本流程规定了课堂教学的基本环节和逻辑结构。普通教师借助这一流程图，就能较好地进行"自主·互助·学习型"课堂的尝试。当然，教无定法，贵在得法，流程绝不是为了框住教师，而是体现了对教学规律的揭示与实践层面的落实，是为了引导教师"入格"——建立一种教学基本范式，把先进的教育理念转化为实实在在的教学行为。同时，基本流程的确立更是为了鼓励教师在深入实践的过程中"出格"——根据自己的个性特点、学科特点形成自己的课堂教学风格。

■ 核心价值理念

"自主·互助·学习型"课堂的价值追求是在不增加教学时间、不增加学生课业负担的前提下，靠激发学生学习积

"自主·互助·学习型"课堂基本流程

极性，引导学生学会自主学习，帮助他们养成良好的学习和行为习惯，提高课堂教学效率和学习质量，奠定学生适应未来社会的基础。在此基础上，确立了一个中心、两大主题、三条原则的核心价值体系。

一个中心：让学习成为学生喜欢的事情。在教学中不能只重视知识技能，还要关注学生的学习方法、学习兴趣、学习习惯，让学生体验学习的过程，感受成长的快乐。还要通过有效的激励保持他们的学习兴趣和学习动力。

两大主题：自主与互助。以自主学习为基础，用丰富多彩的主体性学习活动代替单一的接受式学习，促使学生由被动接受走向主动学习；在自主学习基础上，通过多层次小组学习实现学生间的互相帮助、互相启迪、互相考查、互相影响，让学生在群体互动中实现互助，并学会交往、学会共处、学会自律，培养学生的交流能力、合作能力、自我约束能力和团队意识等现

代人的必备素质。

三条原则：在教学方式上减少讲与听，增加说与做，具体而言就是教师讲解做到"三讲三不讲"（讲易混、易错、易漏点，讲学生想不到、想不深、想不透的，讲学生解决不了的；学生已会的不讲，学生自己能学会的不讲，讲了学生也不会的不讲）；教学流程设计努力删去无效环节，减少无效劳动，删去低效、无效的教学环节和教学行为，如不必要的问答环节、假问题、假讨论等；作业设计做到"三布置三不布置"（布置发展学生思维的，发现规律方法的，拓展视野、提升能力、引导探究的作业；不布置重复性的、惩罚性的、超负荷的作业）；在教材处理上"集零为整，模块推进"，即把过去两堂课、三堂课或一个单元的教学内容作为一个整体安排教学程序，进行模块推进，留给学生更多的自主学习时间和空间，以便于学生从整体上思考和把握学习内容、学习方法，增强教学的整体性，提高学习效率。

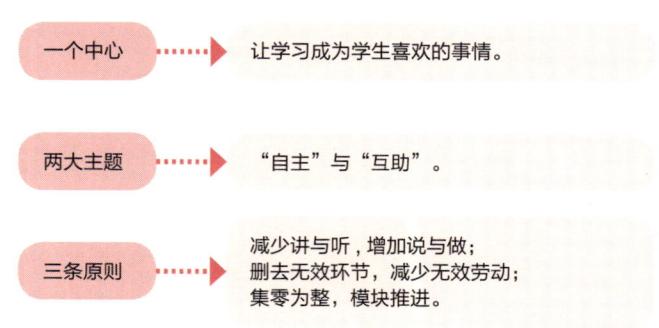

一个中心	➤	让学习成为学生喜欢的事情。
两大主题	➤	"自主"与"互助"。
三条原则	➤	减少讲与听，增加说与做； 删去无效环节，减少无效劳动； 集零为整，模块推进。

"自主·互助·学习型"课堂核心价值理念

链 接

小贴士

分组原则——"串麻线"与"捆绑"。最早是按学生学习成绩"串麻线"编号，划分 4 等，每等中选取 1 人组成小组，编为 1—4 号，同时组内结成"1—4"组合、"2—3"组合的学习互助小对子。

为了解决组间不均衡的问题，我们将相对优势小组与相对弱势小组安排在相邻座位上，"捆绑"成一个大组，在学习上互帮互助，在纪律文明等评价中则相对独立，为小组管理及评价奠定了良好的基础。

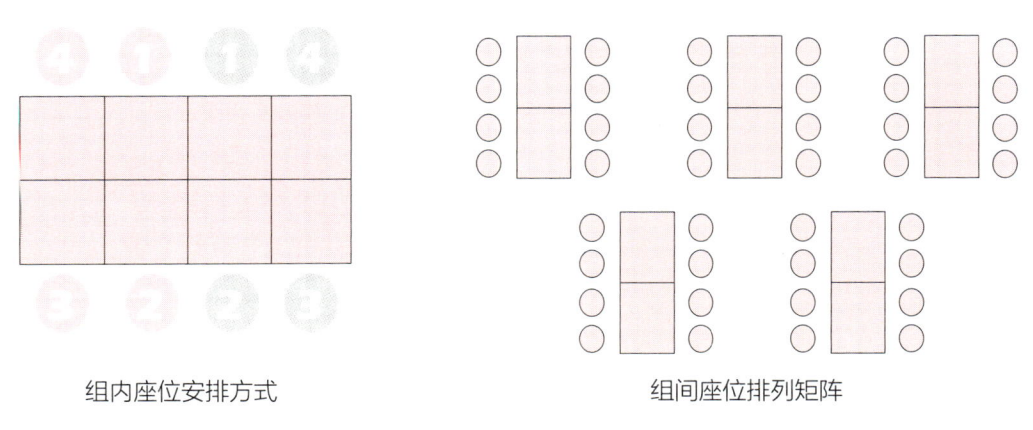

组内座位安排方式　　　　　　　　组间座位排列矩阵

■ 学生管理机制

有别于传统课堂上学生"各自为政"的独立学习，"自主·互助·学习型"课堂以小组作为学习的基本组织单位，因此，就产生了以小组为管理对象的学生管理机制。

小组划分

一开始，研究团队组建六人小组，但不管如何努力，每个小组总有一两个学生游离于学习之外。根据教师的教学反馈及课堂上学生表现出的状态，研究团队及时地将小组调整为"组间同质，组内异质"的四人小组，同时结成组内"一帮一"的小对子，从而较好地实现了学习合作与互助。

小组管理

建立小组自我管理模式。每个小组设立组长、各学科组长、纪律组长、卫生组长好的组织建设需要有共同的愿景和追求，因此需要进行组织文化的建设。

等职位，明确岗位职责。每个小组成员根据各自的优势分工承担职责，可身兼数职，也可只任一职，每个成员既是管理者，同时又是被管理者。

同时，每周设立一个值勤小组，从纪律、文明到学习、卫生，对各小组全面管理，全权负责，做班主任的执行助手。

为提高小组管理的水平，学校每月定期举办小组长沙龙，交流小组管理的金点子，分享成功的小组管理策略。同时，在沙龙活动中，教师也会及时反馈和纠正学生管理中的错误言行，促进学生形成正确的价值观念，提高其对学习生活现象的判断和处置能力，促使学生管理科学化。

小组文化

好的组织建设需要有共同的愿景和追求，因此需要进行组织文化的建设。好的小组建设也是这样。因此，老师们发明了引导小组设计和制作"组牌"来承载小组文化的策略。"组牌"的基本要求是拥有"三个一"，即一条表示小组追求的格言，一个充分代表本小组个性化的"组徽"和一套小组成员共同制定、共同遵守的"组规"。

小组建设的文化还影响了学生对班级文化的主动构建，有的班级从"组牌"中得到启发，还主动设计了班徽，让班级文化建设也多了一个抓手。

小组职责分工表

职 级	组 长	副组长（检查员）	记录员	汇报员
分工细则	①全权负责小组工作。 ②检查作业完成情况，组织讨论学习，提醒同学遵守纪律。 ③收取语文作业。 ④负责其他临时性工作。	①负责发言人的提名。 ②均衡组内发言及到黑板板书的机会。 ③收取数学作业。 ④收取学校布置的材料。 ⑤检查组员桌布及个人卫生。	①积极配合组长及副组长顺利完成学习计划。 ②记录小组成员加减分情况，并报班级负责人。 ③收英语作业。 ④检查桌椅摆放情况。	①积极配合组长及副组长顺利完成学习计划。 ②每日汇总小组交流情况，并在全班进行汇报。 ③收其他作业。

小组评价

小组评价是指对学生学习小组进行评价，它是引导和激励学生在课堂上进行有效的小组合作学习的保障。它一般包括教师对小组课堂学习的评价、同伴对小组学习状况和学习结果的评价。小组评价需要相应的指标与评价细则，而这些一般是教师基于自己班级管理和课堂管理的经验与要求，与学生民主协商制定的，并在实践的过程中逐步调整、完善。

比如，有的班级设计了课堂评价栏、作业情况记录本和纪律文明记录本。前两项由课代表根据每天上课教师评价和学生完成上交作业情况进行记录，后者则由执勤小组详细记录，各项记录每天一公布，每周统计并将奖励情况及时张贴公布。有的班级在实践中形成了《班级管理评价细则》，不仅对课堂学习进行评价，而且对和学习相关的纪律、提问等都有相应的评价。尤其

值得一提的是，这些都是"自主·互助·学习型"课堂管理机制的创新，是广大一线教师实践智慧的结晶。

"自主·互助·学习型"课堂范式，将"学生课堂"的理念物化为可操作的教学流程，以及与之相适应的师生课堂规范，从而实现了调整教与学的关系的教学改革初衷，使学生由被动接受走向主动参与，使学生在主动完成知识构建的同时，获得了问题解决能力和综合素养的提升。

"自主·互助·学习型"课堂更重要的意义，在于直接推动了素质教育的全面实施。"自主·互助·学习型"课堂有效激发了学生学习的积极性，在提高课堂学习效率的同时，使学生的探究能力、合作意识、创新精神和实践能力等大大提高，减轻了学生的课业负担，全面落实了课程方案，使全面实施素质教育成为可能。

3 | 老师少讲能行吗？

早在 2002 年，有感于教师主宰课堂、学生被动学习的现状，潍坊市教科院（当时叫潍坊市教研室）就组织教研员带领骨干教师，针对课堂教学中发现的问题，制定学科教学建议，指导教师改进课堂教学，并进行达标验收。要求第一年 35% 达标，第二年 65% 达标，第三年 85% 以上达标。

潍坊市教科院组织全市教师学习课程标准，执行学科教学建议。然而，在验收的过程中发现造假现象严重：验收组去验收听课时，教师就按要求上，一旦验收组走了还按原来的上。对此，潍坊市教科院深入反思问题的根源：这是一次自上而下的行政推进，老师们缺乏改变教学行为的内在自觉，不能从根本上改变教学行为。各学科教学建议可谓翔实，比如，把课堂上更多的时间还给学生，调动学生参与课堂的积极性，加强随堂检测和反馈矫正的教学总建议等。基于评估中出现的问题，第三次课堂达标验收无疾而终。这意味着潍坊的课堂教学改革遇到了瓶颈。

出路何在？潍坊教育人开始静下心来思考。

这时，一件小事让潍坊人看到了课堂改革的生机。

■ 高手在民间

2004 年 6 月，时任潍坊市教育局局长的李希贵偶然听说昌邑于美霞的数学课上得不错，决定去听听。

为了看到真实的课堂，李希贵就没有提前通知学校和教师本人。当赶到学校时，才得知学校正在放麦收假。学校领导找到于美霞老师，征求她的意见。淳朴的于美霞觉得，局长都亲自来了，那就上一节课吧！于是，赶紧派人到村里把田里的孩子召集起来，凑了 20 多位学生就开始上课。

上课也没有用教材，因为教材内容已经学完了。于老师带领学生从问题入手，探究"同底数幂的乘除运算"。一节课教师没说几句话，但学生们却自己忙活得不亦乐乎。他们不仅得出了同底数幂乘除法的运算公式，而且连"零指数幂"和"负指数幂"也提了出来。要知道，同底数幂运算本来就是中学的内容，而于老师的这帮学生只有五年级……

于老师的课让所有听课的人都震撼了！在这位基层普通教师的课堂上，他们看到了改造潍坊课堂的希望！为了挖掘这种原生态实践中的教育智慧，潍坊市、县两级教科研工作者常常到于老师的学校听课，与于老师和她的学生交流，指导于老师反思整理出"于美霞小学数学小组互助教学法"。这便是"自主·互助·学习型"课堂的雏形。

■ 破冰之旅

2005 年 10 月 12 日，下午第四节课，潍坊十中的中层以上干部和备课组长都被召集到学校的二楼会议室。

当大家陆续赶到会议室时，发现多日未见的崔秀梅校长坐在里面，面前的桌子上摆放着一大堆材料，还有一台小摄像机。等大家都落了座，崔校长和所有学校中层分享了随市教育局去杜郎口中学考察的感受。接着，播放了杜郎口中学的课堂录像。

在崔校长亲自拍摄的录像中，学生的学习热情感染了在场所有的人，学生在课堂上的分享、补充和质疑，也让老师们啧啧赞叹。

原来课堂可以这样！许多老师跃跃欲试。崔校长趁机与大家分析学校和杜郎口中学相比的优势，激发老师们改造课堂的决心。

由此，潍坊十中的课堂教学改革拉开了帷幕。

进行这样一场颠覆传统的课堂教学改革，潍坊十中的决策者是有勇气的。但有勇气不一定就能成就改革大业。改革还需要智慧。潍坊十中的改革者们深谙改革的艰难，他们为改革做足了准备。

"老师少讲能行吗？"为了打消师生们的疑虑，学校对教师进行了心理学理论培训：当人们一次性学习知识时，单靠阅读大约记住 10%，单靠听大约记住 20%，但通过说能记住 70%，通过做能记住 90%。不仅如此，学校还组织全体干部和教师分三批到杜郎口中学考察，感受改革带来的成果。第三批去的不仅是教师，还有初一、初二各班的学生代表。

这还不够，改革关系到每个孩子的成长，家长也是改革中不可忽视的因素。校长崔秀梅亲自为改革年级的学生家长作报告，用翔实的数据和案例阐明学习方式变革对学生当下学习和未来发展的意义，争取家长对课堂教学改革的理解和支持。

当一切准备就绪，课堂教学改革正式启动。学校组织实验学科的全体任课教师召开改革动员会，校长亲自作报告，说明这场改革的意义和思路，同时也说明改革可能面临的困难。为避免冲击中考，改革选择在初一、初二的语文和数学两个学科进行。

在改革动员会上，校长拿出事先准备好的宣言书，让愿意参与改革的教师签字，不愿意参加改革的教师也不硬性要求其参加。因为有前期的价值引领，教师们感受到参与改革的必要性，都在宣言书上郑重地签上了自己的名字。

实验教师签署的宣言书

■ 初见成效

一个月后，课堂教学改革在这两个年级的所有学科全面推开。时任初三语文备课组组长的鞠丽华老师看到改革给课堂带来的活力，主动请缨，带领全体初三语文老师参与了这场改革。

把课堂还给学生，这样的课怎么上？崔秀梅校长带领潍坊十中的全体业务干部天天泡在课堂里，开始了艰难的破冰之旅。

他们常一天听六七节课，课间和老师们讨论课的得失及改进措施。下午最后一节课，学生上自习，他们又跟老师们共同备课，做进一步的研讨。晚上，整理听课花絮，汇总当天发现的课堂上好的做法与全体师生共享，同时归纳发现的问题和研讨的结果，提醒师生们注意。第二天一早，听课花絮打印稿准时送到老师们手中，再开始新一天的课堂探索。

每个周六下午，学校举办周末课改论坛，规定教师自愿参加，但每次教师们几乎都是全勤。每个人都急于和同事们分享自己一周的收获和困惑，又贪婪地汲取来自同事们的智慧。教师们惊喜地发现，张三这里难以解决的教学难题，李四那里却已经有了令人欣喜的经验！若干个思想交换的结果便汇成了智慧的累累硕果。

每次论坛结束，崔校长和他的助手们总是心潮澎湃，忘记疲劳，在第一时间把论坛中大家探索的经验和困惑整理出来，编写论坛集锦，周一上班就发到每个教师手里，供大家学习借鉴。

那时，潍坊市教育局、潍坊市教科院的专家是潍坊十中的常客。他们常挤时间悄悄走进课堂，不请自来参与论坛，为一线教师释疑解惑，为学校课堂教学改革把脉、

业务骨干的听课花絮

精彩片段：

李玉艳老师

对"平行四边形"一章复习的点拨，短短几句话，从三角形讲起，以"对称性"为主线，延伸到圆，揭示了图形的内在联系和学习规律，让学生感受到数学思维方法的美妙和价值。

孙海燕老师

课堂上，学生交流时积极性甚高，头都凑在了一起；教师的点拨恰当到位，比如："某某同学解这个题用的是什么方法？""还有其他答案吗？""建议大家解题时首先写'解'，然后……"高度重视学生良好学习习惯的养成。

刘德珍老师

讲解点拨的重点放在了"这种解法的妙处"、"另外的答案"、"另外的解法"等关键环节的提示上；非常重视对学生的鼓励及讲解方法的指导，如用规范的数学语言表达问题、注意解题步骤的完整、面向大家讲解等；能适时、恰当地鼓励学生。

杨晓楠老师

小组意识强，重视对小组的评价与鼓励；学生课堂展示形式多样，有利于学生才能的发挥和调动学生的学习和展示积极性——某个环节有 17 人次展示自己的收获，其中有一名学生用书画的形式展现了课文所描述的意境，让所有人都耳目一新。

链 接

学生心语（这是笔者在课间与学生聊天所得，因而非常真实）：

我：你觉得现在这种学习方式（以小组为单位自己学习讨论）和过去听老师一条条、一句句讲解的方式，哪种更好？

生：现在好！

我：为什么？

生：这样学习有兴趣，这样学习更容易明白！

我：我怎么觉得老师讲得更明白？

生（众）：老师的语言太书面了。老师不懂我们的心。同学讲的接近我们。同学说错了可以反驳。老师不能一个个（学生）问是不是明白了……

我：遇到过困难吗？

生：遇到困难一讨论就解决了。

我：愿意给同学讲题吗？

生：愿意！

……

友情提示：

小组内排座位，成绩好的学生放在中间位置，以方便他们对其他学生的辅导、帮助。

任课教师要树立强烈的小组意识，并尽快与小组长结成"亲密同盟"，发挥小组长的带动、管理作用。

对学生展示、讲解过程中诸如声音不大、语速太快、书写字体太小或太大、笔迹太轻或看不清楚之类的问题要随时提醒纠正。也可以通过鼓励学生对此进行评价予以纠正。

对学生在黑板上书写不规范、讲解表达不规范和不完整等问题要作为重点予以讲解强调。

支招，用他们的胸怀和智慧引领着这群潍坊课堂改革的拓荒者。

就是在那段激情燃烧的岁月，潍坊十中人养成了反思总结的习惯。崔秀梅校长带领她的核心团队根据师生原生态的做法整理成教师、学生的教学行为规范。为了让这些指导师生课堂学习实践的规则更简洁明了、更有可操作性、更便于接受，多少个傍晚，在本该离校后恢复寂静的办公室里，师生们还围在一起仔细推敲。在实践中，崔校长和她的核心团队成员们认识到，一线教师教学方式的改变缺的不是理念的引领，而是落实理念的实践方式，一线教师需要的是联结先进理念与教学实践的桥梁和纽带。而他们做的事，正是建桥铺路，为一线教师打造成长的坚实阶梯。

就这样，潍坊十中课堂教学流程和每个环节的操作要点越来越清晰。教室里先后张贴过"学习小组管理办法"、"自主学习基本规范"、"课堂讨论基本规范"等学生自主合作学习的课堂规范，指导学生养成倾听、质疑、表达等学习能力与学习品质；教师们有了备课、上课的方略，按照"自学提纲的设计要求"、"课堂'导语'设计要求"、"课堂讨论指导规范"，教师在每天的常态课堂上，面对一般的生源，在一般的教学条件下，慢慢建立起了"教师少讲会更好"的课堂教学常规，享受着教学的快乐。

不经意间，教师们的教学方式变了，学生的精神面貌变了，整个校园的生态悄然变化着。

■ 科学推进

潍坊十中课堂教学改革成功的另一关

潍坊学院曲振国教授参与周六论坛研讨

链接

来自一线的声音

潍坊十中的老师说："现在总是盼着上课！好多年都没有这样的冲动了！"

潍坊十中的学生说："记得有一次，学校里停了好几辆大客车，是外地的老师来我校听课……教室快被挤爆了，气氛非常严肃，我又激动又紧张……我自己主动站起来回答问题，紧张感顿时随之消失得无影无踪。我的回答博得了大家的阵阵掌声，我一下子变得开心、放松，对自己充满信心。这都是自主课堂给我带来的变化……"

潍坊十中的家长说："孩子在学会学习的过程中也学会了关心别人、帮助别人，并从中收获成功与快乐，增强了集体荣誉感……我家孩子自从当了小组长以来，在日常生活里，变得更懂事了，更有责任感了。"

还有家长说："这样的课堂，孩子有表现的机会，他们也很喜欢。我家孩子以前不大愿意上学，现在就不一样了，乐意上学了……"

键是：每一步改革决策都是基于科学的分析。在改革的各阶段，学校从各方面有目的地收集反馈的信息，尤其重视来自改革主体——教师和学生反馈的信息。

信息的收集形式和内容是根据课改进程的需要拟定的，以问卷调查、座谈、观察、个别访谈、集体访谈等多种形式进行，并对每次采集的信息进行定性和定量分析。

从 2005 年 10 月到 2007 年 5 月中国教育学会创新教育实验区启动大会前，潍坊十中共组织了 7 次师生问卷和 20 余次访谈。

特别是在改革攻坚阶段，学校分别于 2005 年 10 月 20 日、11 月 9 日、12 月 20 日连续三次对师生同时进行问卷调查。每一次问卷调查前都精心设计问题和问卷的引导语，尽可能地让师生真诚、客观地反映自己对改革的感受、意见和建议；每一次问卷调查后都及时进行数据的统计、分析，并进行师生意见的比对分析，及时了解教师和学生两大群体对课堂教学改革的意见、建议，从而为课程教学改革决策提供参考，使改革健康有序地发展。

课堂教学改革学生问卷结果

　　2006 年 4 月 30 日下午采取抽样方式，在 4 个班中，抽取了 152 名学生（其中优秀学生 59 人，中等学生 62 人，暂时落后的学生 31 人），共发放问卷 152 份，收回 152 份，均为有效问卷。

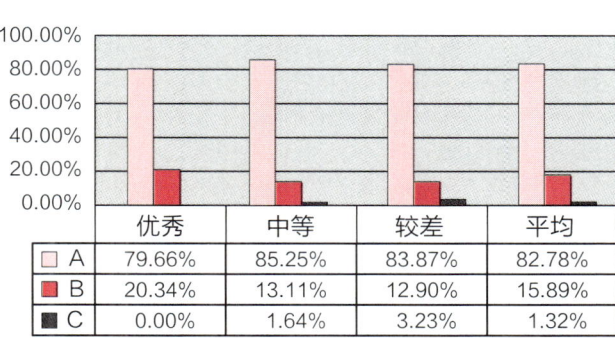

	优秀	中等	较差	平均
A	79.66%	85.25%	83.87%	82.78%
B	20.34%	13.11%	12.90%	15.89%
C	0.00%	1.64%	3.23%	1.32%

第一部分：关于课堂学习

① 现在老师在课堂上大约讲多长时间？
　　A. 十分钟左右
　　B. 二十分钟左右
　　C. 三十分钟左右

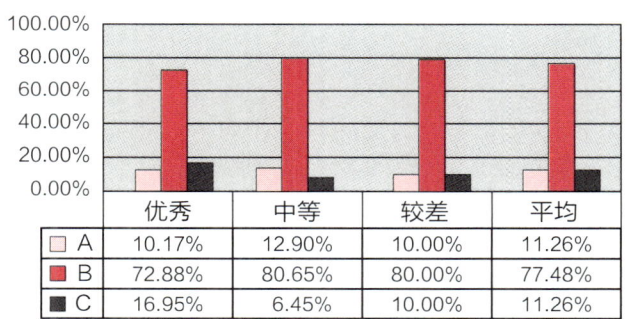

	优秀	中等	较差	平均
A	10.17%	12.90%	10.00%	11.26%
B	72.88%	80.65%	80.00%	77.48%
C	16.95%	6.45%	10.00%	11.26%

② 你希望老师在课堂上讲得再多一点，还是再少一点？
　　A. 再少一点
　　B. 再多一点
　　C. 无所谓

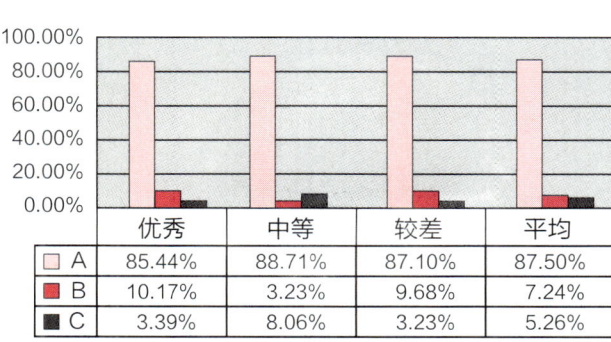

	优秀	中等	较差	平均
A	85.44%	88.71%	87.10%	87.50%
B	10.17%	3.23%	9.68%	7.24%
C	3.39%	8.06%	3.23%	5.26%

③ 现在的课堂纪律与改革初期相比有何变化？
　　A. 自觉学习的同学多了
　　B. 乱说话不学习的同学多了
　　C. 变化不大

④ 当同学对你的发言提出不同意见时，你会感觉到

  A. 很想知道别人的意见

  B. 很反感

  C. 没有感觉

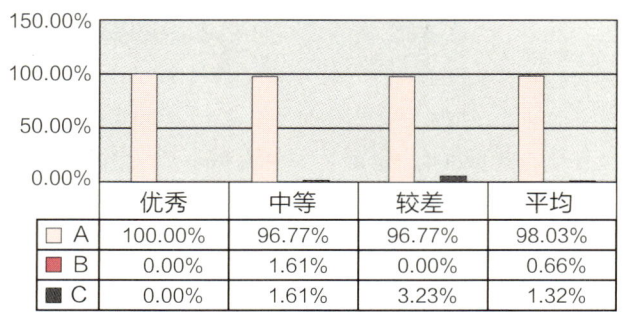

	优秀	中等	较差	平均
A	100.00%	96.77%	96.77%	98.03%
B	0.00%	1.61%	0.00%	0.66%
C	0.00%	1.61%	3.23%	1.32%

⑤ 你感觉同学讲与老师讲相比较

  A. 同学会站在我们学生的角度讲解，所以更容易听明白

  B. 同学讲得不清楚，所以常常听不明白

  C. 同学讲与老师讲差不多

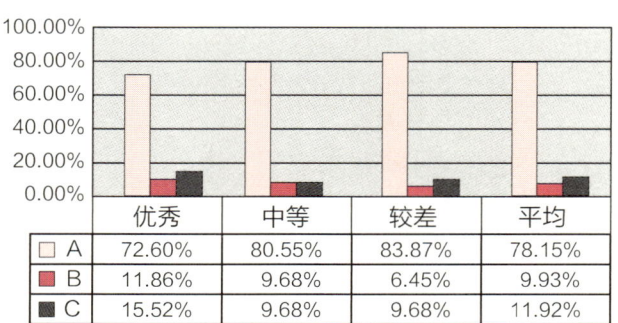

	优秀	中等	较差	平均
A	72.60%	80.55%	83.87%	78.15%
B	11.86%	9.68%	6.45%	9.93%
C	15.52%	9.68%	9.68%	11.92%

⑥ 在讨论或展示时，如果你有疑问，你会

  A. 随时提出

  B. 不敢说出

  C. 只在小组讨论时提出

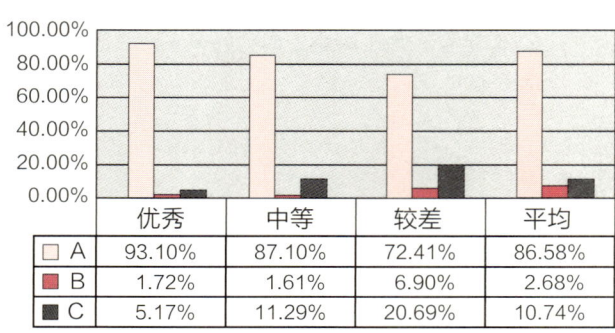

	优秀	中等	较差	平均
A	93.10%	87.10%	72.41%	86.58%
B	1.72%	1.61%	6.90%	2.68%
C	5.17%	11.29%	20.69%	10.74%

   第二部分：关于学习小组

⑦ 你觉得应该轮流当小组长吗？

  A. 应该

  B. 不应该

  C. 无所谓

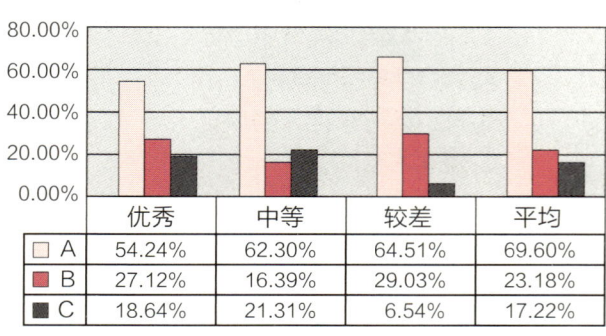

	优秀	中等	较差	平均
A	54.24%	62.30%	64.51%	69.60%
B	27.12%	16.39%	29.03%	23.18%
C	18.64%	21.31%	6.54%	17.22%

⑧ 你们学习小组成员合作有明确的责任分工吗？

   A. 有

   B. 没有

   C. 不清楚

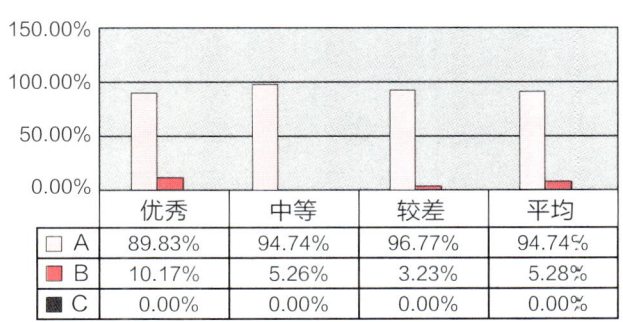

	优秀	中等	较差	平均
A	89.83%	94.74%	96.77%	94.74%
B	10.17%	5.26%	3.23%	5.28%
C	0.00%	0.00%	0.00%	0.00%

■ 由点到面的突破

当然，潍坊的课堂教学改革也不是一帆风顺的。

要让有着十几年甚至二十几年教龄的教师们彻底改变早已轻车熟路的课堂教学模式，是一件不容易的事情。可贵的是，潍坊课堂教学改革的拓荒者们以锲而不舍的精神，持续地将改革推向深入。

为了促进师生适应新的教学方式，实验学校纷纷调整了学校的教学管理结构，探索、创建了适应自主学习课堂的教学管理机制。

■ 制度才是撬动教学改革的杠杆

这些机制将课改和教师工作常规紧密结合起来，将学生小组建设和班级各项管理结合起来，将课堂改革研究和校本研究结合起来，以制度促落实，以活动促深入，以管理促提高，以评价促养成，形成

了科学的管理体系，保障了课堂改革的健康发展。

2007 年 5 月 9 日，"创新教育研究"开题暨中国教育学会创新教育实验区启动大会在潍坊十中召开。时任中国教育学会会长的顾明远先生来了，时任中央教科所所长的朱小蔓女士来了。他们对这种生机勃勃的课堂给予了赞许。

2007 年 10 月，"学科课堂效益与教学讲授时间研究"获迄今为止唯一的一项潍坊市人民政府教学成果特等奖。

2008 年 11 月 17 日，全国教育改革经验现场会在潍坊召开，潍坊十中与潍坊五中、广文中学成为观摩现场。

改革，让潍坊十中这所没有操场、师资普通、服务城中村及外来务工人员子女的普通学校，成为镶嵌在潍坊大地上的一颗"教育明珠"；

改革，也让赵丰平、赵桂霞、韩吉东这样的校长脱颖而出，成长为专家型校长；

改革，还成就了于美霞、吕映红这样的

普通教师；

……

探索课堂教学改革的经历，让潍坊的改革者感受到了自己生命拔节的艰难和欣喜。探索课堂教学改革的经历，让潍坊教育人认识到，"教师讲，学生听"是最省事但也是最低效的教学法，要改变人们早已形成的习惯，需激发教师的内在动机，让改革自下而上地发生。

课堂教学改革，任重而道远！

提前一周的集体备课制度——确保自学提纲的编写质量；

自学提纲检查制度——确保自学提纲的落实；

反馈矫正制度——确保学生学习的落实；

每周反思制度——促进研究的深化；

课堂观摩和课堂教学展评研讨制度——示范、引领、深化课堂改革；

校本研究重点投入制度——推动课堂改革的深入，为课堂改革注入动力；

业务干部听课制度和学科主任听课、研讨制度——跟踪指导，引领课堂改革方向，促进课堂改革落实；

综合素质评价制度和小组长沙龙制度，优秀小组、优秀小组长奖励制度—激励学生；

综合素质评价制度和小组长沙龙制度，优秀小组、优秀小组长奖励制度—激励学生。

4 | 教师专业成长在这里实现

临朐县教研室从肯定教师的发展能力入手，决定启动特色教学研究工程，带领教师走富有个性化的特色教学研究之路。学校会分析每一位教师的特点，从教师"精神力"这一软实力上下功夫，塑造教师研究教学、自我成长的信念和价值认同。临朐县以区域特色教师培养为切入点，带来了良好的辐射效应，出现了许多意想不到的"临朐现象"。

■ "后生可畏"的"研究生态圈"现象

毕业刚刚两年的郝志坤老师还是一个腼腆的小姑娘，却成为临朐县的第一批特色教师。她的"三小"教学法在临朐也是小有名气，她因此被誉为"小名师"。是不是郝老师有什么过人的本领？用郝老师的话来说，她是因为"三小"学生才有了今天的成绩。

刚刚参加工作不久，郝老师在课堂上就屡屡和学生发生冲突。后来，学生告诉她："郝老师，我们以前的老师在那里转悠转悠就行了，课都是我们自己上的！"

什么？！老师上课光"转悠转悠"就行了？郝老师不敢相信五年级小学生会这样理直气壮地"指导"他们的老师怎样教学。

于是，郝老师在教学的第一年就被学生带领着，开始参与龙岗镇吴兴小学已有的"三小"教学模式研究。

"三小"教学就是在教学过程中，学生在教师的引导下当"小问号"、"小工兵"、"小先生"，最终成为一个学习者、探索者和合作者的一种教学范式。

随着"三小"教学的展开，郝老师的课堂也随之发生了变化。

在这样的课堂里，真正达到了教师轻松、学生聪明，学生习惯了当课堂上的"小问号"、"小工兵"、"小先生"，而且，每一个人都在轮换着担任"小问号"、"小工兵"、"小先生"的角色，不习惯的恰恰是传统课堂上最常见的听老师讲。

在这样的环境里，郝老师自然多了几分对教学的思考。大学里所接受的以儿童为主体的教育观、人本主义等教育理论，曾经都让她感觉讳莫如深，甚至将信将疑，至于如何去实践这些理念更是很少想过。而今，刚走上工作岗位不久，理论背后的奥妙却被学生一语道破。有时，郝老师觉得遇

链接

让学生成为"小问号"、"小工兵"、"小先生"

这是青岛版小学数学五年级上册第四单元"简易方程"第一课时"用字母表示数"的教学。

最核心的新知学习环节，郝老师交给了学生，主要环节是：

自学—交流—检查

首先，郝老师先让学生当"小工兵"自学课本第44页内容，并争当小问号简单写出自己的发现和不明白的问题。然后，学生们进行小组交流。小组内每个人说说自己的发现和不明白的问题，组内请"小先生"解决。解决不了的，由组长记录下来。接着，教师检查学生的自学情况，以小组汇报的方式为主。小组提出本组内解决不了的问题时，进行全班交流，教师适时点拨，帮助学生突破重难点。

接下来是学生模仿出题，主要环节是：

出题—做题—互查—纠正

自学并讨论解决完疑难点后，让学生当"小先生"模仿例题给同桌出题。也可以根据本节课内容在小组内轮流出题，大家共同解决。做完后，小组成员互相检查或请一名同学解答，其他人对照答案，改正错误。不会的同学，则请"小先生"帮忙讲解改正。

巩固练习环节也是放手交给学生，主要环节是：

练习—交流—检查—纠正

这一环节，学生当"小工兵"做课本中的练习题或教师出的拓展练习，掌握本节要点。学生出题并做完后，小组内交流做题时的发现和疑问，两人互相检查或由组长检查。学生板演，全班交流，请"小先生"评判，教师适当补充。有做错的，及时改正错误，不会的，可以再请"小先生"帮忙。组长给做错题的同学出相同类型的题目，从而让小组成员巩固所学。

学生自主的达标测试也同样精彩，主要环节是：

做题—批阅—纠正—汇报

这一环节，主要检查学生对本节课所学知识的掌握情况，达标测试卡是"小先生"们选择的，教师审查后分发给学生，由学生独立完成。做完后小组内交换批阅或由组长批阅，错误的及时改正，不会的请"小先生"帮忙。然后小组汇报结果，对易错疑难问题进行讲解。

上自己的学生是最大的幸运！

当然，郝老师并没有随便地"转悠转悠"就上完一节课，而是科学地把课堂还给了学生，让学生解决他们自己愿意解决、能够解决的事情，而老师则有了充足的时间思考如何给予学生进一步的引领，如何更好地以学定教、因材施教。

无意间，郝志坤觅到了"不言之教"、"不为而成"的境界。

当然，年轻的郝老师是有作为的，作为就在于迅速发现并积极实践有效的教学方法。良好的教育研究生态让原本好学的郝老师不到一年时间就走出了入职初期常常会有的迷茫与困惑，迅速地成长起来。

在临朐县，年轻教师的成长也是有个性的，成长的轨迹是不同的，但相同的是他们都处在一个具有教学研究氛围的生态圈里。

■ "周而不比"的"学习共同体"现象

石金彦是临朐县沂山镇蒋峪初中的语文教师，她的"语文主题集结'教学模式，是按某类语文主题集结教学内容而开展语文教学活动，使学生形成知识系统，提高语文素养的一种教学模式。

"语文主题集结"教学模式的特点是主题集结、分工共学；块状推进、知识成树。基本课型包括集结式预习课、集结式讲析课、集结式诵读课、集结式积累课。石老师的课不受课时约束，而是分四个阶段，按自己的节奏教学。

石老师的"语文主题集结"教学打破了时空界限，整体上统整、建构了提升学生语文素养的系列化课堂，得到了老师们的一致认可，大家纷纷借鉴。很多老师自发地来到石老师的语文课上学习研究，并且结合自己的教学进行迁移改造，逐渐形成了自己的教学范式和模型。

通过研讨石金彦老师的"语文主题集结"教学，临朐县很多中小学语文教师打开了语文教学研究的大门，对课堂教学的思考与借鉴越来越深刻和多元：单元教学、主题学习、海量阅读等教学思想在这里软着陆；"侯忠彦小学语文品诵教学"、"白兴玲初中语文批注教学"、"王萍语文辐射阅读教学"以及大面积推进的"语文主问题教学"等，都被全县的中小学语文教师学习着、分享着、传承着，也创新着。这样的研究、分享与创新的生态，将全县语文教学推向了一个极具生命力的多元化发展空间。

学科间的合作更令人惊喜。语文教学改革启迪了其他学科教师的教学改革思路，马兴山老师的"初中历史模块教学"、吕学良老师的"初中物理捆绑式教学"、胡翠美老师的"数学整体化规律教学"等应运而生。

学术是需要独立的，只有独立才有自由，只有自由才能够产生真正的学术。然而，独立和孤立不同，独立和同舟共济不矛盾，这就是"周而不比"的存在关系。在这样的关系里，教师们才能够自由地展示自我，自

"语文主题集结"教学模式四阶段

传统的语文教学是按照单元、课时的教材安排按部就班地进行，这样的教学节奏平均用力，效率不高。"语文主题集结"教学模式将教学分成四大阶段，改变了传统的平均用力的节奏，体现了教师教学和学生学习的内在规律，获得了更好的教学效益。

第一阶段是集结式预习（2课时）

集结式预习主要是整体感知和识记字词。

第二阶段是集结式讲析（2课时）

学生自主批注。教师根据单元（或集结内容）学习重点，确定所要集结的学习主题，让学生根据确定的主题内容读课文，用批注符号在文中圈、点、勾、画，学生通过批注过程了解课文内容、写法、主题等。同时，对自己不明白的问题打上问号。

交流展示。采取合作、互助学习的方式，让学生进行同桌交流、小组交流、班内交流，展示自己独立学习的收获。交流展示可采用抽签式，以调动学生参与的积极性。

精讲点拨。对学生不能解决的问题、重点问题等进行精讲，对学生理解不透、心存迷惑的问题予以点拨。

拓展训练。根据学习内容和学生的学习情况，有针对性地进行知识迁移训练、专项集结（用词、修辞、写法、主题等）训练等，做到知识内化、能力提高，学以致用。

在集结讲析的过程中，构建知识系统，在黑板（或多媒体）上形成知识树。

第三阶段是集结式诵读（1课时）

先是指导，从音准、流畅连贯、抑扬顿挫、读音轻重、感情色彩等方面，对学生进行朗读指导。然后是选读，学生选读朗诵材料，以课本内容为主，或教师指定的文章，或学生自选。最后是展示，朗读展示的方式不拘一格，如小组展示、小组PK、个人PK等。

第四阶段是集结式积累（2课时）

积累的内容主要是积累语言和积累材料，语言、材料的积累以背诵、摘抄为主。

由地批判与借鉴，达到学术共赢的目的。

在临朐县教研室搭建的特色教学研究平台上，就实现了这样的相互依存、对立统一的协作。石老师的"语文主题集结"教学也遭到了许多同伴的质疑，他们认为语文的本质不在于单位时间里的量，而在于学生能否借助单位时间里习得的方法实现一生自我阅读的能力、兴趣和习惯。尽管如此，质疑者们也同样借鉴了石老师整体性的教学理念，从而使得逐篇课文教学的课堂增加了整体感知和文化品位。

不同学科、不同学段甚至不同观点的教师在一起研讨、切磋，这样的学习共同体让每个人每天都在慢慢逼近自己的思想制高点。

■ "送课进城"的"农村包围城市"现象

"送课下乡"、"支教农村"曾经是我们在均衡发展和教育服务中的一般选择，而在临朐，农村教师豪情万丈地喊出了"送课进城"的口号！

临朐县城关街道北苑小学于化红老师创立了小学英语简笔画教学，她永远忘不了第一次"送课进城"的感受。

"送课进城"不仅让于化红老师成了城里孩子眼中的明星，很多教师在听了她的小学英语简笔画教学示范课以后，也纷纷学习，引发了英语教学研究热。甚至有其他学科的教师听课后表示希望成为一名英语教师，因为他们感觉这样的英语课太有意思了，也太有意义了。有的教师甚至找到校长希望调课。当然，课是不可以随便调的，于是，更多的教师选择在自己的学科课堂上引入简笔画教学，收到了很好的效果。

"送课进城"虽然只是一种教学研究方式，但是，无论对送课者的农村教师，还是学习者的城里教师，这一活动引发了足够的震撼。"送课进城"颠覆了大家对教育资源优劣的传统认识，原来乡村和山区也有优质的师资。发挥乡村和山区这些优质师资的作用，让我们看到了教育均衡发展的新路径。

链接

"送课进城"记

12月1日—2日，在临朐县教研室的统一安排下，我们四位来自乡镇甚至山区的农村学校教师竟然要进城为县直学校师生"送课"了！（一般都是县直学校教师给农村学校"送课"）

说实话，在备课阶段，我并不像面对自己的学生那么自信，别的学校的学生熟悉不熟悉简笔画，能不能看懂我的教学设计并作出反应呢？我的心里七上八下，吃不好，睡不好。尽管要在课上展示的那些画我已画了上百遍，尽管就画画的速度、形象性等问题，我都做了最大限度的准备，可总觉得心里没底。当时那种焦虑真是无法用语言形容，11月30日那天晚上我几乎一夜没合眼，整节课的设计像过电影一样在脑海里一遍遍回放，唯恐有哪一点想不到而影响到学生听课。

第二天我们来到学校，我在黑板上画出了一只大袋鼠，还没等我的问题出来，学生便大喊"Kangaroo"。学生的反应让我一下子找到了感觉，事实证明我的顾虑是多余的，学生完全能明白简笔画表达的含义。

最让我感动的是2日下午去冶源镇冶北小学上课的情景。我认为这节课是两天来最成功的一节，孩子们不仅听讲认真，而且课堂参与性非常强。在"Guessing game"这个环节，有的学生竟爬上桌子回答问题，自始至终，课堂气氛"一浪高过一浪"，学生们争先恐后地要求上台表演，不知不觉一节课就结束了。

当我和孩子说再见时，他们竟大呼"No,no！"台下的老师们笑了，我也笑了。下了课，竟有一大群孩子围着我要签名，我简直成了明星。这是我送课两天来最令我感动的一刻！我也深深地感受到：只有走进孩子心灵世界的教育，才能引发孩子心灵深处的共鸣。

5 | 课堂教学永无止境

潍坊市中小学课堂教学改革已进入个性化发展阶段，每所学校、每位教师，都在探索适合自己个性、适合自己学科、适合自己学生的课堂教学风格。课程、教学伴随着问题的发现一步一步呈现出来，教学研究既成为一个过程，又具有了教育的意义。

潍坊的学校课程教学在一个动态开放的空间里将学生的发展凸显出来，这样的课程与教学是潍坊给出的素质教育的基本立场。

最近一次的普通高中教学视导中，诸城一中提出了这样一些问题：

是不是问题太多了呢？其实，诸城一中的教育人还在思考更多的问题：

怎样实现课程改革与课堂改革的结合？

怎样实现课堂改革与教师发展的结合？

怎样实现课堂创新与课堂落实的高效结合？

怎样实现课堂开放与学生有效自律的结合？

学生发展能达的境界在哪里，问题就在哪里。有了问题，就找到了发展的空间；把问题看成发展空间，才会有自觉自愿的行动！

问题一 对课前延伸的理解存在一定偏差，学案大多提前一天发放，教师查阅不及时，课前延伸有形式化倾向，课前延伸下的课堂教学程序不明确，课堂教学效益低。

问题二 学案编写过于统一，缺乏二度设计。学校之间、备课组内学案高度统一，教师直接搬用，个性化教学不足。

问题三 小组合作学习流于形式，存在泛化与僵化的倾向，课外和课堂两个时段的小组合作学习的组织与评价还有待深化。

问题四　学案及课堂教学问题的设计欠缺科学性，忽视学生活动设计，学生自主体验少，课堂生成性问题少。

问题五　课堂教学出现"四化"，即有的教师教学中出现课堂小结模式化、当堂检测过场化、小组评价形式化、课堂教学整体僵化。

问题六　教学设备简陋，教学手段落后，常态课还是"一支粉笔、一张嘴、一张讲台、一块黑板"的天下，多媒体进入课堂的力度不够，且存在明显的应用误区。

问题七　讲评课传统上法居多，师生课前准备明显不足，课改的力度不大，讲评课的效益不高。

问题八　教师过分重视课的"新"，注重加强课改"包装"，而对教材内容的处理存在较多的问题，对教材、课程标准的研究还不到位，对内容的把握还不够准确。

问题九　学生自主学习习惯培养不够，学习效率不高。自主时间学什么和怎么学，学生心中没数，教师要求不到位。

问题十　在学生自主学习大量增多的情况下，课外阅读时间却大大减少，且阅读课处于无组织状态，阅读实效得不到保证。

直面问题、借用问题，甚至期待着更多的问题呈现出来，制度呵护下的健康的研究路径成就了一般学校的课程与教学研究，没有人害怕自己的教学出现问题，因为问题正是改革创新的起点和资源。

一校一师的脱颖而出，常常和校长的领导、教师自己的天赋有很大的关系，而一批学校和一大批教师的脱颖而出，则必然和背后的土壤息息相关！

潍坊市教育局对教学改革的持续关注，也造就了该市课堂改革的持续卓越。

从 2006 年开始，潍坊市教育局的 1 号文件都会详细列出当年的教育工作要点，令人称奇的是，每年 1 号文件都对课堂教学提出极为具体、细致的要求。放眼全国，这样的 1 号文件恐怕并不多见，而恰恰是这样的一份文件，显示了潍坊教育人对课堂教学研究的重视，对课程改革最基本的细胞的重视。

如何将课程改革落到实处？潍坊教育改革者们值得称道的一个做法就是关注课堂上的一点一滴！积沙成塔，集腋成裘，正是课堂上的小小进步，才汇聚成课程改革的勃勃生机。这正是潍坊教育改革者的小细节和大智慧！

潍坊市的教育改革从来都是在对自我的批判与超越中前进的，潍坊市的课程教学改革也是如此。如何更加全面地回归育人的教学本质规律？如何更加开放地把握时代的特征，赋予教学新的价值？如何更为有效地促进区域性教学改革目标的实现？这是潍坊教育者的追问！

诸城一中部分教师合影

链接

潍坊市教育局历年工作要点（1号文件）
对课堂教学的要求

2006 年第 15 条：

推进以教学落实为目标，以减少讲授时间为重点的课堂教学改革；深入落实"三讲三不讲"、删除无效教学环节、剔除课堂假问题、将落实进行到底的教学要求；开展常态课堂提高教学质量研究，加强教学方法特别是合作学习、课堂讨论、反馈落实的研究与指导。

2007 年第 20 条：

加强初中"自主·互助·学习型"课堂建设，年内市区 80% 初中、县市 25% 初中实现 80% 以上的课堂教学达到"满意"。

2008 年第 8 条：

深化课堂教学改革，以"自主·互助"为目标，深化学科教学改革，提高课堂教学效益，全面提高义务教育学校"自主·互助·学习型"课堂和高中学校"自主·合作·优质·高效"课堂覆盖率，力争使 50% 潍坊市级以上初中规范化学校和全市重点调度的普通高中达到上述目标。大力推广潍坊十中、潍坊五中、潍坊外国语学校以及于美霞、韩兴娥、魏庆文等先进的教学典型经验。加强小学、初中、高中衔接研究，形成三段联动、促进学生可持续发展的质量提升机制。

2009 年第 1 条：

继续深化课堂改革，进一步提高教学效益。调整教学关系，增强学生自主学习能力。采取"面上拓展、点上深化"的策略，全面提高义务教育学校"自主·互助·学习型"课堂和高中学校"自主·合作·优质·高效"课堂覆盖率，力争使 70% 以上潍坊市级以上初中规范化学校和全市重点调度的普通高中达到上述目标。

2010 年第 2 条：

加大教学创新力度。努力贴近学科规律和学生认知规律，不断优化教学流程，狠抓有效教学，进一步完善"自主、合作、探究"的教学方式。总结推广一批学科教师的高效课堂经验，完善基于新课程要求的各学段、各学科课堂教学建议和

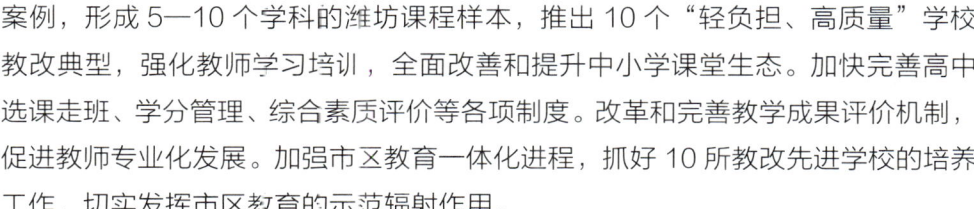

案例，形成5—10个学科的潍坊课程样本，推出10个"轻负担、高质量"学校教改典型，强化教师学习培训，全面改善和提升中小学课堂生态。加快完善高中选课走班、学分管理、综合素质评价等各项制度。改革和完善教学成果评价机制，促进教师专业化发展。加强市区教育一体化进程，抓好10所教改先进学校的培养工作，切实发挥市区教育的示范辐射作用。

2011年第4条：

进一步深化课堂教学改革。以"轻负担、高质量"为目标，按照"学思结合、知行统一、因材施教"原则，在全市义务教育学校全面推进"自主·互助·学习型"课堂建设，把提高课堂教学效益作为实施素质教育和提高教育质量的首要任务。大力推进普通高中课堂教学改革，全面构建高效、优质课堂。学习借鉴国内外先进经验，在全市普通高中全面开展分层走班、选修课和研究性学习等探索。探索高中分流、大校管理经验，促进普通高中健康发展。

2012年第2条：

制定"自主·互助·学习型"课堂标准，开展"自主·互助·学习型"课堂全员达标活动，确保新课程倡导的"三维目标"落实到每一位教师、每一堂课。在深化课程改革中新挂出一批课改名校和先进教师。

2013年第6条：

全面落实国家课程方案，全面推行"自主·互助·学习型"课堂教学模式，小学注重上好科学课程，中学开全上足实验教学课程、人生规划与职业指导课程。

2014年第1条：

深化课程课堂改革。坚持育人为本，德育为先……全面落实国家课程方案，推进"自主·互助·学习型"课堂建设，着力改进英语、思想品德等学科教学，加强高中课程开发应用，深化学生成长动力研究，建立健全实验教学常态化运行机制，全面开展创意、创新、创业教育，切实提高育人质量。

2015年第2条：

按照先学后教、以学定教的原则，调整教学关系，以选课走班、分层教学、小组合作探究为重点 全面推进课堂教学改革。

……

——继续落实"轻负担、高质量"的教育目标；

——继续让学习成为学生喜欢的事情；

——继续让教学的价值得以超越；

——继续为素质教育和课程改革的深入推进提供实践支点；

——继续让人走进课程教学深处；

——破解学生个体发展与互助发展的协调统一问题；

——破解学生自主学习中整体性发展目标的实现问题；

——破解班级授课制背景下的教育公平问题；

——破解教学成果提升与推进机制的问题。

这，正是潍坊教育人的回答！

由此，立足于学生综合发展的理想课堂便成为现实的目标。在区域性推进中小学"自主·互助·学习型"课堂的进程中，我们期望，能够让潍坊市所有学校的所有课堂都成为学生快乐、教师幸福，轻负担、高质量的理想课堂。

2013年，被誉为颠覆性创新之父的哈佛商学院的克莱顿·克里斯坦森与马克斯维尔·维塞尔研究发现，一个具有"颠覆性危机"的时代已经来临。怎样在这样的时代背景下让教育立于潮头、引领社会，潍坊的课程教学改革正在给出答案。

改革，在课程

创生中精进

诸城一中现代农业课程

诸城一中学生在邱家七吉现代农业基地

孩子们自创的数学故事剧《小数点大闹整数王匡》

剪纸课上快乐的孩子们

主题课程学生成果展示

孩子们在做中学

李虹霞老师在上公开课

苏桂芹老师和她的"数学阅读"

赵桂霞校长为京港专家介绍学校课程改革情况

杭州师范大学张华教授、浙江大学教科所张文军所长在北海学校

文化部原副部长王文章、省委宣传部部长孙守刚、市委宣传部部长初宝杰、市文联主席孙淑芳和孩子们在一起

美国文化考察团来校交流学习

如果说，课堂教学研究的是怎么把一个菜炒好，那么，课程建构就是研究怎样给学生们配菜。

如果目光仅仅局限在教学层面，那么一个菜炒得再好，也只能提供这一个菜的单一营养；而如果从课程入手，即便每个菜都不是精雕细刻，也能产生 1+1＞2 的整体效益。

可以说，课程是学校最主要的产品，它可以超越课堂，给学生更大的成长舞台，让学生获得更多元的成长元素。

在潍坊，不同的学校都把建构自己学校的课程看成重中之重的大事。"学校除了课程，再无其他；如果还有其他的话，那就是对课程的支持。"这正是潍坊教育改革者对课程重要性的清醒认识。

在潍坊，课程真正体现出其动态性、生成性、开放性，不同的课程体系，成为学生全面而个性化发展的舞台，成为足进教师专业发展的生态系统。

课程，改变着学校的育人模式，改变着教师和学生在学校中的生命状态。

1 | 师生生成课程：在遵循 规律中突破

雅斯贝尔斯所认可的教学，从教育的意义上看，教师和学生处于一个平等的地位，教学双方均可自由地思索，没有固定的教学方式，只有通过无止境的追问而感到自己对绝对真理竟一无所知。平等对话，课程生成，动态发展，潍坊教育走出了一条自下而上的课程理解与自下而上的课程重建之路。

■ 如约而至的风景：李虹霞"统合语文"课程

你见过这样的语文课吗？

在一节课里，除了课本中的一篇课文以外，学生还会阅读、理解、分析多达七八篇，甚至十多篇文章。这些文章，有的取自跨年级教材，有的取自不同版本的教材，也有的根本不在教材中，而是取自某部文学名著，也可能取自网络空间……然而，这些文章都有一个共同的主题。也就是说，这许多文章被一个主题"统合"起来了。

创造并实施这种语文课程的，就是潍坊市北海双语学校的李虹霞老师，她把自己的语文课定名为"统合语文"课程。

李虹霞为什么要这样做呢？因为她发现：目前多数教师的语文教学，是一种把语文"肢解"了的教学，学生学到的知识，在头脑中只是星星点点的零碎记忆，学生在学习过程中，不会主动将所学的知识加以贯通和串联，无法架构起知识网络。而且，语文教学也与学生的生活割裂，导致学生学习的空间被压缩。学生缺乏自由阅读的时空，没有独特的属于自己的感受，更谈不上拥有人文情怀。

为解决这个问题，李虹霞开始探索、构建并实施她的"统合语文"课程。所谓"统合语文"课程，就是沿着"国家课程师本化"的路径，统合分散在学科内外、联系密切的内容，改变课堂结构，重塑教学流程，让学生全方位、整体、创造性地学习，真正成为学习的主人，使学习过程成为积极主动而又充满愉悦的过程，促进学生听、说、读、写的全面和谐发展，形成丰厚的语文素养。

"统合语文"课程如何实施？

"统合语文"课程具体有三条实施路径。

其一，横向统合。

一是语文教材与相关文学资源的横向统合。不再是一课一课地教，而是对语文教材与相关文学资源进行统合。依据课程标准和学生的认知规律，让大量有价值的相关文学性课程资源走进课堂，给学生无限的阅读自由和空间。二是语文课与各学科跨学科的横向统合。与美术、音乐、数学、计算机等学科教师合作，进行课堂（学科）间的资源统合。数学教师与学生配乐朗读，音乐教师与学生吟唱唐诗宋词，生活教师与学生阅读名著……教师资源的统合发挥到极致，为学生的语文学习打开了一扇扇精彩的窗。三是"书人合一"的师本横向统合。创造了独特的序列师本课程，着眼于兴趣培养和习惯养成，然后才是渗透方法的指导。比如调整低年级拼音识字教学内容，学生可迅速实现"直拼"，在低年级完成小学阶段的常用字识字任务。

其二，纵向统合。

一是同一册教材内容本身的纵向统合。用4节课完成教材规定的16课时的教学要求，用1节课完成8课时的单元教学。二是跨学段语文教材之间的纵向统合。先把自己统合的现成专题资料呈现给学生，再指导学生做统合专题，然后放手让学生做自主专题的统合学习。

其三，时空统合。

主要是用足网络资源，博客成为"空间教室"；让学生呼吸幸福的"语文味道"；让语文学习走出教室，回归生活语文的本原。

"统合语文"课程的效应

李虹霞老师的"统合语文"课程，改变了传统语文课程的内容和课程组织形式，使得语文教学更加贴近学生生活，创造了适合学生健康发展的学习共同体，促进了师生、家长的共同发展与成长。

有一个被全国著名小学语文教师感慨"孔子来了也不好办"的学生，留级后从外地市转到她的班里，他几乎一下子就喜欢上了李老师和她的语文课，他惊奇地发现："原来语文这么有意思！这和我以前学的语文完全不一样，这样的语文课我喜欢！"他很快变成了品学兼优的好学生。

近几年来，李虹霞老师和她的"统合语文"声名鹊起：2010年，"李虹霞统合语文"获潍坊市教育教学创新奖；2011年，潍坊市教科院举办了"李虹霞统合语文"研讨会和推介会，并在全国目标教学会议和山东省第一届课程整合大会上进行了展示推介；《山东教育》以封面人物2万多字的篇幅进行了报道；《人民教育》在全国推介她的教学实录和教学经验；《中国教师报》在"非常教师"和"特色教室"栏目中多次报道。

■ 不期而遇的美丽：苏桂芹"数学阅读"课程

2013年6月7日，潍坊市小学"数学阅读"课题成果推介会在潍城区召开。

读数学故事，让小学生爱上数学学习；

中国的月亮

——一堂语文"统合课"

以统合课《中国的月亮》为例，学生自主阅读材料达 4.5 万字，内容涵盖字谜传说、唐诗宋词、诗歌散文等多种文学体裁，学生对其中的经典文字进行了积累，在长达两周的时间里，以读、唱、画、写、奏的多种形式，触摸月亮，沉浸在月亮文化中，实现了高效学习。下面是其中一个教学片段："自主阅读，深度思考，解读月亮"——

师：亲爱的同学们，让我们再次回眸奔流万古的文化长河，去看看关于月亮的一个个字谜、一个个传说、一首首唐诗宋词、一副副对联、一篇篇散文，去解读属于我们中国人自己的月亮，月亮到底在哪儿？在我们中国人的眼里，月亮究竟是什么？

（学生自主思考，完成思维导图学习纸内容，老师关注学生的学习状态，个别点拨）

师：已经完成的同学在小组内相互碰撞，看能否借借别人的智慧。

（交流讨论学习纸内容一）

师：看到月光，你能用哪些词语来描述它？

生（众）：月光潋滟。月光皎洁。月光素净。月光如水。明亮。

（交流讨论二）

师：如果用一个词来形容月亮，你想到了哪个词语？请你用"在我的眼里，中国的月亮＿＿＿＿＿＿，因为她＿＿＿＿＿＿＿＿"来说。

生：在我的眼里，中国的月亮最美，因为她是那样充满诗情画意。

生：在我的眼里，中国的月亮最柔，因为她是那样柔情似水。

生：在我的眼里，中国的月亮最圆，因为她是那样渴望团圆。

（交流讨论三）

师：事实上，我们最初对月亮的了解都源自大诗人李白，李白一生和月亮有着不解之缘。请你把李白眼里的月亮解读一下，用"在李白的眼里，月亮＿＿＿＿＿，因为他＿＿＿＿＿＿＿＿＿"来说。

生：在李白的眼里，月亮是白玉盘，因为他"小时不识月，呼作白玉盘"。

生：在李白的眼里，月亮是玩伴，因为他下山，"山月随人归"。

生：在李白的眼里，月亮是挚友，因为他"欲上青天揽明月"。

生：在李白的眼里，月亮是酒友，因为他"举杯邀明月，对饮成三人"。

师：在李白的眼里，月亮就是他形影不离的情人啊！

（交流讨论四）

师：在你的眼里，月亮是什么呢？

生：在我的眼里，月亮是圆满、和美。

生：在我们中国人的眼里，月亮是挂念、幻想。

生：在我的眼里，月亮是坎坷，是挫折。

（交流讨论五）

师：现在让我们来说说，月亮究竟在哪里呢？

生：月亮在我们中国文人的咏叹里。

生：月亮在我们游子的思念里。

生：月亮在我们中国的唐诗宋词里。

生：月亮在我们每个中国人的心里。

师：经过我们这一解读，月亮更加诗意，我们也成了诗人了。

著名语文教师于永正听了这节课后评价说：老师不能忘记"语文"二字，要巧妙地引导学生由读到说和写。"台上一分钟，台下十年功"说的是老师、演员平时积累的重要。看了李老师班的学生表现，可以看出，平时她引领学生背了多少诗啊！没有平时的"厚积"，哪有今天的"薄发"啊！

了解数学史，让小学生领略数学的历史演变；

到生活中找寻数学，其实数学就在身边；

开展数学实践，原来数学很有用；

数学不仅是做题，还可以朗诵和表演；

数学笑话、名人逸事、小谜语等，数学真好玩！

……

会议呈现的数学教育新理念让人眼前一亮，展现的丰富实践成果更令人激动振奋。

课题的全称是"让阅读成为小学数学教与学的新方式"，是山东省教育科学"十二五"规划课题，于2011年立项，课题负责人是潍城区教科研培训中心小学数学教研员苏桂芹老师。

苏老师和她带领的实验团队从教学实践中选取问题，确定课题目标，在实验行动中破解难题，总结提炼课题成果，并通过实践检验成果。虽然苏老师及其团队开展的是课题研究，但走的却是课程建设之路——构建"数学阅读"课程。

数学学科可以有阅读吗？

所有的小学数学教师都知道：三年级是小学生数学学习的分化期——开始有学生变得不喜欢学数学了，数学成绩退步了，而且，随着年级的升高，这种分化有加剧的趋势。

然而，太多的教师对三年级出现的分化现象熟视无睹。苏桂芹老师没有放过这个问题，她开始研究：为什么学生会在小学三年级开始分化？

研究的结果表明，其中固然有学习内容方面的原因——从三年级开始，数学知识增量，学习加速，难度加深，但主要还在于传统的教学方式没有激发学生学习数学的兴趣。

那么，该如何提高小学生学习数学的兴趣呢？苏老师发现，小学生都喜欢阅读，许多道理都是依靠阅读认识和理解的。然而，阅读好像仅限于语文学科，难道数学学科就不可以有阅读吗？于是，苏老师便提出了"数学阅读"的概念。

所谓"数学阅读"，就是通过给学生提供充满数学知识、数学思想、数学智慧、数学方法且具有生活化、趣味化、儿童化的数学阅读资料，激发小学生自觉地、有兴趣地开展数学阅读，在阅读中唤起学生对数学学习的兴趣，找到数学学习的方法，从而提高数学学习能力。

"数学阅读"读什么？

"数学阅读"读什么？一开始，苏老师和她的团队寄希望于搜集现有资料。他们上网、去书店，查阅了大量有关数学的资料。但是，结果很令人失望，数学资料中最多的是数学练习题、奥数辅导书等，这些都不适合开展"数学阅读"。当然也有一些看似可以阅读的数学读物，但其内容并不是针对小学生的。

面对这种困境，许多教师打起了退堂鼓。然而，苏老师却坚定地对大家说："现成的资料找不到，难道我们就不会自己动手创编吗？别忘了，我们是最了解学生的，说不定，通过我们大家的努力，也许能够填补小学生数学阅读资料的空白呢！"

一席话令团队成员振奋起来，他们团结在苏老师的周围，从 2008 年开始，投身于"数学阅读"资料的创编工作中。他们用数学故事作为载体，将数学知识、数学方法、数学思想、数学应用等蕴含在一个个有趣的数学故事中，比如《小括号勇斗符号四兄弟》等，让小学生从爱上数学故事开始，继而爱上数学学习。

经过三年的不懈努力，苏老师和她的团队开发了适合三至六年级小学生阅读的一整套数学故事，并于 2011 年由贵州大学出版社出版（书名为"小学数学思维宝典"）。

除了数学故事之外，苏老师和她的团队还相继开发出了数学史、生活中的数学、数学实践、趣味数学等系列"数学阅读"资料。

"数学阅读"带来的变化

丰富的"数学阅读"资料带来了小学数学教与学方式的变革。

先看教师教的方式。他们不再只是板着面孔，嘴里吐的净是一些抽象的数学语言，而是经常讲述有趣的数学故事、数学史话等，或者组织学生开展数学实践，丰富学生的直观体验，让学生感受数学的实际应用。

再看学生学的方式。他们不再只是机械做题，疲于应付题海中汹涌的波涛，而是自由地进行"数学阅读"，交流着从阅读中得到的收获。这样的学习惬意而高效。

链 接

小括号勇斗符号四兄弟
——一个数学故事

【故事背景】

该故事针对"混合运算"编写。混合运算的重点是明确运算顺序。算式中如果没有小括号，应先算乘除，后算加减；算式中如果加入小括号，应先算小括号里面的。

【故事内容】

在数学家族中有四个符号：+、-、×、÷，它们就是有名的符号四兄弟。"+"是四兄弟中的老大，"-、×、÷"依次排老二、小三和小四。你别看小三、小四跟二位兄长的模样差不多，可它们的脾气却任性得很，做什么事情都要抢在二位兄长的前面。比如，在计算150-42×2÷14时，"×"首先抓住了42和2，得到了84。接着，"÷"也不示弱，它赶上来吞并了"三哥"的84，并又按住了14，得到了6。直到这时，二哥"-"才走过来收拾了残局，把150和6变成了144。

像这样的事情还有很多很多。在符号四兄弟们看来，这已经是习以为常的事了。可数学界中有一个人不服气，那就是小括号——（　）。

这不，小括号向符号四兄弟们下了战书：说它一个人就能改变四兄弟们的这种习惯。这可把符号四兄弟们气坏了，它们决定联手打败小括号。

符号四兄弟抓来了1、2、3、6、9，站成了一排：9+6÷3×2-1。

"÷"和"×"冲着小括号嚷道："过来呀，看你能把我们怎么样？"小括号轻轻一笑，它一闪身进入了符号四兄弟站成的队伍中，把"9+6"牢牢地抱在一起，变成了（9+6）÷3×2-1。任凭"÷"、"×"和"-"怎样厮打，小括号就像两道坚固的盾牌一样包围着"9+6"。最后的结果当然是先算"9+6"了。

符号四兄弟不服气，要求小括号跟它们再比一场。小括号又一闪身，这次抱住的是"9+6÷3"，队伍变成了（9+6÷3）×2-1。结果，计算顺序又一次发生了变化：先算"9+6÷3"，然后才轮到小括号外面的"×2-1"。接着，小括号不断变换着位置，使得队伍又变成了（9+6÷3×2）-1、9+（6÷3×2-1）、9+6÷（3×2）-1、9+6÷（3×2-1）、9+6÷3×（2-1）。当然，每一次变换都改变了运算顺序。

最后，面对铁一般的事实，符号四兄弟不得不承认：算式中如果没有小括号，当然是先算乘、除后算加、减；算式中如果加入小括号，那就得先算小括号里面的。

2 | 学校管理课程：在引领航向中创建

如果拿烹调作比喻的话，教学是在食材限定的情况下，选择不同的烧法，而课程则要考虑怎么配菜。教学固然重要，但课程却可以发挥更加整体的、综合的育人力量。在潍坊的教育大地上，很多学校正是从学校课程入手，走向了学校内涵发展、教师专业成长之路。当然，在这一过程中，受益最大的是学生。

■ 海尔希望小学：以生为本，重整课程

临朐县海尔希望小学地处沂蒙山区的一个偏远乡镇。近年来，经由开发综合实践活动课程资源——对部分国家课程、地方课程和校本课程进行主题化整合——对进入学校的全部课程进行板块化整合，实现了由"以学科为本"的课程到"以学生发展为本"的课程的转变。在这个过程中，不仅学生受益良多，教师健康成长，学校也迅速发展起来了。他们多次承接大型现场研讨会议，韩相福校长经常应邀在全省、全国会议上作经验介绍。这所大山深处的小学校和韩相福校长已经闻名遐迩。

以综合实践活动为依托，基于课程目标的落实，着眼于学生的健康发展，学校对科学、品德与社会、综合实践活动、信息技术等国家课程以及环境教育、安全教育等地方课程，通过目标分析与整合、内容梳理与重组、主题选择与确定、活动设计与建构的科学开发流程，对上述课程重新进行整合。以学生发展为中心，以实践为载体，以方法为要素，学校着力设计并建构了每个主题活动，突出体现了开放性、生成性、实践性、自主性等主题课程特性，最终，整合开发了探索与实践课程。

有了探索与实践课程整合开发的成熟经验，学校立足于语文"听、说、读、写、识"的育人总目标，将国家课程语文、地方课程传统文化以及学校开发的语文拓展课程农村生活化作文、三维识字、秀秀三人聊等进行了全面的整合开发，又形成了语言与人文课程。

同样，学校将国家课程数学与学校开发的拓展课程趣味数学、生活中的数学故事等进行了整合研究，形成了数学与现实课程；将体育与健康教育以及学校开发的跳

绳、呼啦圈等课程进行整合，形成了体育与健康课程；将国家课程英语与学校开发的拓展课程英语文化、英语情景剧、英语聊天等进行整合，形成了英语与世界课程；将音乐、美术以及吕剧、腰鼓等学校开发的特色课程的育人目标进行整合，形成了艺术与审美课程。

经过整合，海尔希望小学最终形成了与本校育人目标相适应、散发着浓郁沂山地方特色的六大课程体系，从而实现了学科目标具体化、学科内容生活化、分科科目综合化的目的，大大提高了课程的整体育人效果。

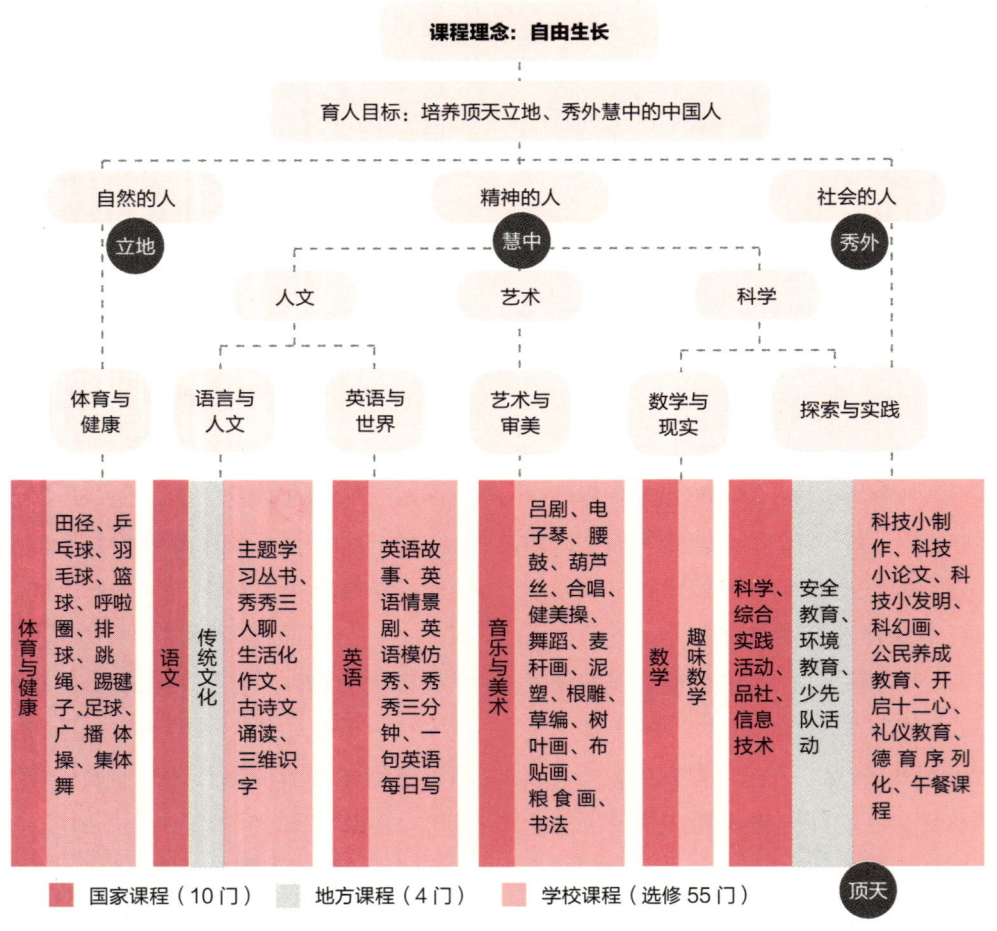

海尔希望小学"自由生长"课程结构

这才是剪纸课

■ 诸城市实验小学："2+4"课程让个性绽放光彩

诸城市实验小学的课程建设突出"整合＋特色"，构建了"必修＋选修"的课程内容体系及相应的课程评价体系。

"必修＋选修"的课程体系

即"2+4"课程体系，"2"是指必修课程和选修课程两大体系，"4"是指学科课程、特色课程、走班课程、社团课程四大类课程。

必修课程包括语文、数学、英语等学科整合课程，还包括学校的特色课程。学校将一直作为重中之重的写字教学、棋艺教学、大量阅读、阳光体育四大板块升级为书法艺术课程、棋艺课程、书香课程和健康课程。

选修课程包括走班课程和社团课程。走班课程是"个人"选修课程，以丰富学生生命体验、促进学生的个性化发展为目的。基于学生的兴趣爱好和发展需要，诸城实小共开设了30多门课程、70多个走读课程班，种类丰富多彩，成为提升学生素质、发展学生个性的大舞台。社团课程是以班级为整体的团体选修课程，一个班成为一个社团，每个社团都根据班级愿景起一个响亮的名字，如青竹社团、小蜜蜂社团、金童社团等。

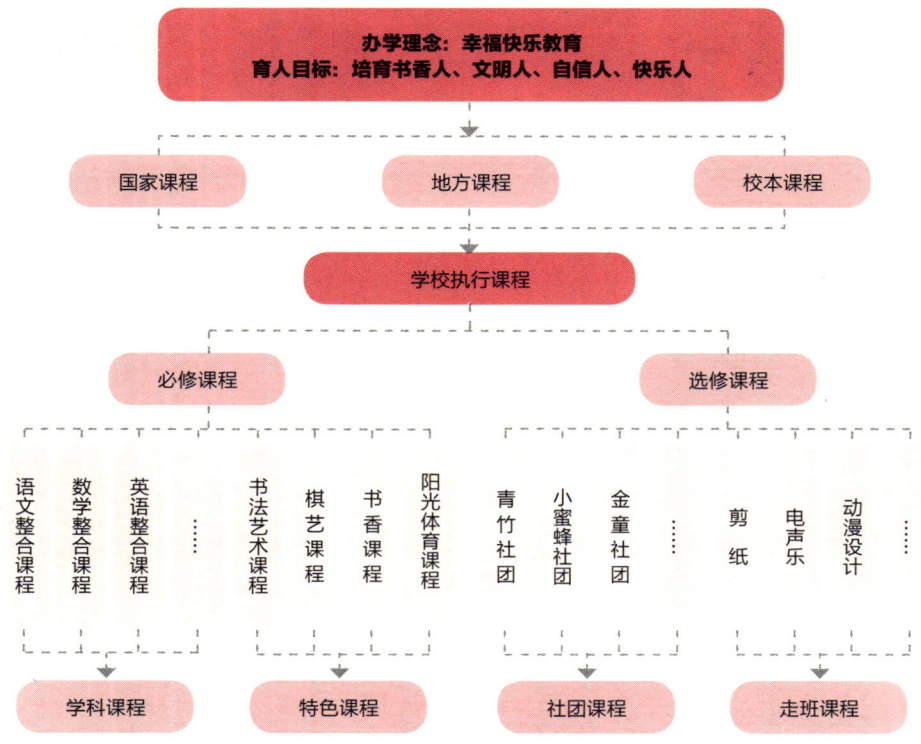

诸城市实验小学课程结构

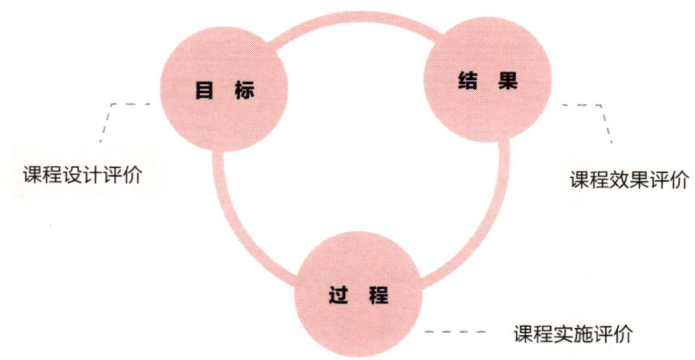

诸城市实验小学发展性课程评价结构

诸城市实验小学的课程评价体系

学校根据课程是否能够促进教师专业发展，促进学校发展，并最终促进学生个性全面、和谐、可持续发展作为最基本尺度，构建了开放的发展性三螺旋结构课程评价体系，对学校课程构建的可行性进行自我诊断。

发展性三螺旋结构课程评价体系，即以目标为中心的课程设计评价、以过程为中心的课程实施评价和以结果为中心的课程效果评价。本评价体系相互交融、相互渗透、密切关联，课程设计指导课程实施，课程实施落实课程设计，课程效果指导、完善新的课程设计，在这样多次的循环中，呈现螺旋上升，使评价达到最优化。

课程评价由课程专家委员会和教导处、教科室、德育处负责课程的研究、指导和管理。每学期从课程目标与计划、课程开设准备与投入、课程实施过程、课程实施效果等方面多元化生成引领学校发展的评价报告

每类课程评价策略都有详细的评价方案，评价结果会及时反馈给相应教研组及教师，从而对课程实施做出相应调整，制订新的课程实施方案，再次依照方案实施，学期结束再进行评价。在这样多次循环螺旋式上升评价中，达到全程覆盖，使课程实施逐渐走向更优化。

这种多元课程评价体系，使课程目标评价、课程实施评价、课程效果评价相互制约、互相促进、螺旋上升、最终实现课程评价的最优化，成为学校课程持续发展、长期焕发生命力的引航标。

课程目标与计划评价

评价指向目标的达成情况，也就是"目标—课程—评价"具有一致性。主要看整合后的课程是否满足社会、地方经济发展对学生学识和能力的需求；是否促进全体学生的个性特长的发展，为学生的可持续发展创造条件；是否根据学校的传统和优势，充分利用学校现有师资和条件，努力促进并体现任课教师的个性、才华，弘扬学校特色。

课程开设准备与投入评价

课程开发的前期研究具体实行名师负责制、专题负责制。名师负责制主要负责学校方案的制订和过程的指导；专题负责制是充分发挥教师的特长，由教师分工负责专题，形成精品案例。在此过程中，学校重点对课程的设计是否科学、合理进行评价和指导。

课程实施过程评价	再好的方案最终也必须通过课堂教学来检验、发展和完善。为此，学校以"三勤四让五环节"为基本指导纲领，以异课异构（名师精品课）、同课异构（对比公开课）、异课同构（专题研究课）为基本形式来检验研究的效果，并结合教师课程实施的阶段总结及相关材料做出相应的评价和指导。
课程实施效果评价	以课程目标为依托，以实施过程为依据，将教师和学生在课程实施过程中的行为和体验，作为信息载体评价其在学校发生的作用。这两类评价互为补充，对教师的评价促进课程的有效落实，课程学习的评价又为教师课程开发和改进提供了依据。这样以评价促发展，以评价促提高，课程在校本化中整体推进，让每一个学生得到积极向上的发展。

■ 广文中学：精彩源自课程多元

广文中学构建了"三位一体"的广文课程体系，将课内学习与课外学习、统一目标与特色目标、共性发展与个性发展紧密地结合起来。

广文中学的课程包括了三大类：

一是学科课程。学校主要通过对国家课程进行生本化的改造——建设"引桥课程"、有效整合教材、开展"梯式练习"三条途径对学科课程进行静态改造，又通过构建自主课堂对改造后的学科课程进行拓展和深化；"引桥课程"让学生感到"学习不再是难的事情"，"整合教材"使学习内容更加满足学生需要，"梯式练习"切实减轻学生课业负担。

二是活动课程。学校将学生活动纳入广文课程体系统一管理，实现了活动的课程化。在这里，学校尊重学生的个体差异性，把校园活动变成学生成长的多元化平台，满足了学生的个性化发展需求，促使一大批特长学生脱颖而出。目前，学校已成功构建包含入校课程、班会课程、实践课程、"阳光60"课程、国旗下讲话课程、广文节日课程、主题教育课程、演讲与口才课程、社团课程、离校课程、进阶课程、返校课程的活动课程体系。其中的入校课程获得"2008年潍坊市优秀校本课程"一等奖、潍坊市第九届政府教学成果奖；离校课程获得"2008年潍坊市素质教育优秀活动项目"奖；中国教育报、中国教师报对入校、离校、进阶课程做过专题推介；中央电视台《小崔说事》对入

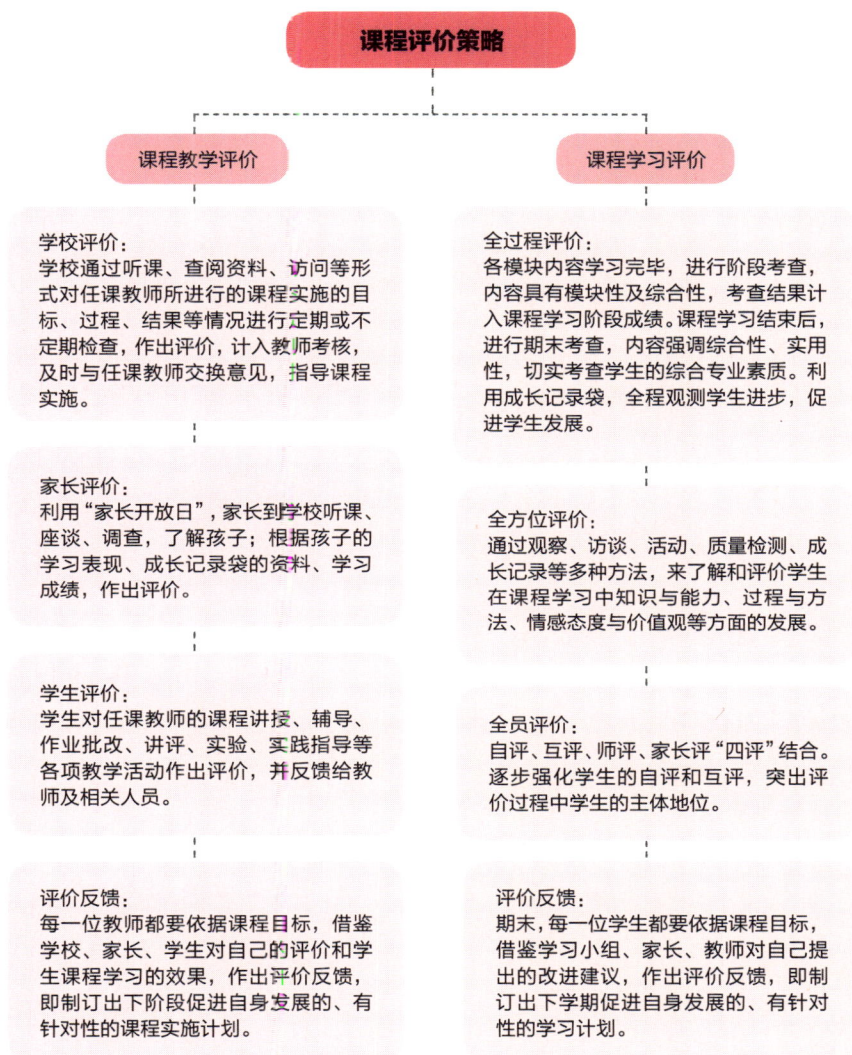

诸城市实验小学课程评价策略

校、离校课题做过专题节目。

三是特色课程。学校从广文百年历史中确立了培养具有"大家风范，人文底蕴，科学精神，国际视野"的广文学子的独特培养目标，以培养目标为价值引领，学校构建起

了包括大家系列、文化系列、实践与探究系列三大系列，由 16 个模块、65 门特色课程组成的学校特色课程体系，作为选修课予以落实。

正是课程的多元化、可选择，给了广文

学生自由、充分发展的空间。

广文中学历来重视学生素质的全面发展，基于"适才教育，助每个学生走向成功"的办学理念，学校构建了"三位一体"的课程体系；生本化的国家课程，夯实学校素质教育的根基；个性化的活动课程，助推学生特长发展；特色化的学校课程，铸就学校素质教育的特色。广文中学历届毕业生都以学业优异、综合素质全面备受各高中青睐。

■ 诸城一中：专注课程的归根之选

专注课程，这是诸城一中的归根之选，也是他们对改革创新给出的最好回答：把握教育的根本，自然寻找到了学校改革创新的路径。

校园百家讲坛，领先一步进入课程改革

见识就是素质。1997 年起，诸城一中开始实施"专家学者进校园计划"，定期邀请国内外专家学者来校为师生作报告。今天，学校的教师、学生、学生家长也陆续走上了讲坛，成为主讲人。

一场场学术报告，虽然只是在一点上突破，或许不足以产生"音叉效应"那样的巨大效果，然而，这对于参与其中的学生、家长、教师、学校领导甚至外请的专家来说，都意味着一种新的教育行走方式的开始。更重要的是，一颗颗职业志向的种子或

许就这样埋在了学生的心里。

现代农业教育，领先一步启动高中多样化发展

1999 年，诸城一中基于对学生多样化发展的思考，主动申请承担了全国教育科学规划课题"农村重点高中培养学生'农业意识'的研究"这一课题。从那时起，学校就开设"现代农业生产技术"选修课和"现代农业和农村问题"必修课，建设有学校特色的农村社会课程。

2012 年 7 月，在总结成果、拓展思路的基础上，诸城一中的农业教育课程纲要编制出来了，这不是为了理论而理论的编写，而是在现代农业教育实施过程中逐渐总结、论证、提升、完善而形成的。

身心两健课程体系，领先一步培养"新文明人"

诸城一中"为实现理想走进来，为服务人类走出去"的校训，将"人"纳入学校教育的核心地位，个体的理想与社会人的价值统一起来，建构了一个具有引领性的现代高中生发展模型。

校训存在于精神层面但也需要细化于具体实务，这也是课程开发的思维路径。为此，诸城一中在全面落实国家和地方课程的基础上，为全面提升学生的综合素质，建立了"五维一体"的课程体系。"五维"是五大类学校课程，包括文化浸润类、学科拓展类、

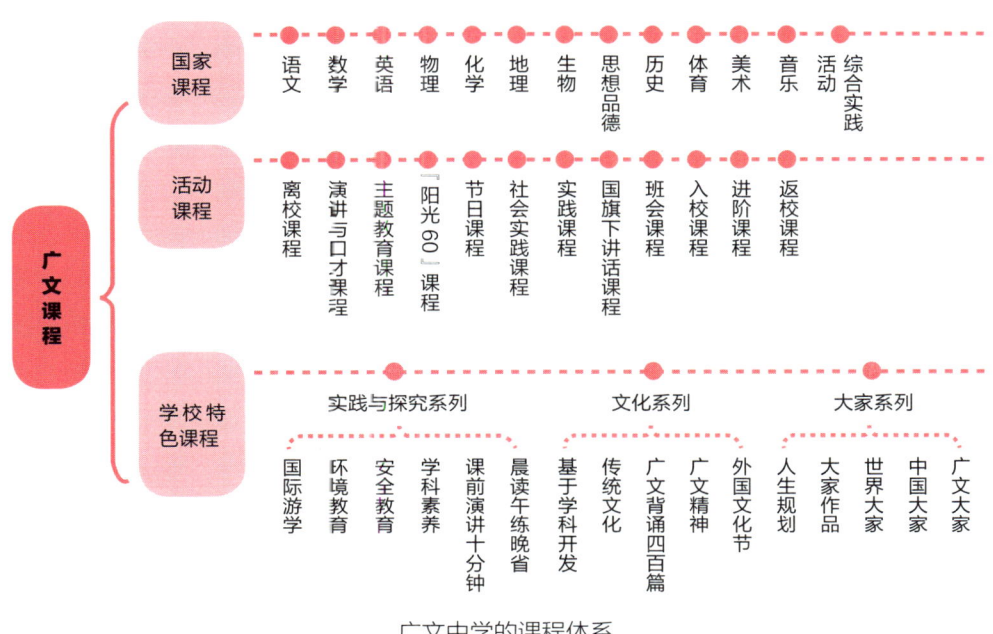

国家课程：语文 数学 英语 物理 化学 地理 生物 思想品德 历史 体育 美术 音乐 综合实践

活动课程：离校课程 演讲与口才课程 主题教育课程 "阳光60"课程 节日课程 社会实践课程 实践课程 国旗下讲话课程 班会课程 入校课程 进阶课程 返校课程

学校特色课程：

实践与探究系列：国际游学 环境教育 安全教育 学科素养 课前演讲十分钟 晨读午练晚省

文化系列：基于学科开发 传统文化 广文背诵四百篇 广文精神 外国文化节

大家系列：人生规划 大家作品 世界大家 中国大家 广文大家

广文课程

广文中学的课程体系

活动体验类、特长培养类、国际教育类。"一体"是学校课程均以"责任文化"为主体。"五维一体"的课程体系为学生的个性发展和学校特色发展奠定了丰厚的课程基础。

学校自主、教师自主的课程才是最适合学生学习的，才是最适合学生发展的。这是诸城一中按照自然规律建设课程、按照自然规律专心育人的宝贵经验。

3 | 主题课程的诞生

2009 年 9 月的一个星期天，是新学年开学后的第一个周末。

在奎文区金宝双语小学的会议室里，环坐着十多个人，其中既有潍坊市教科院的领导和教研员，也有一线学校的校长和教师。大家正在七嘴八舌地讨论着：

"这些课程在平日落实得都不好，大多只是翻翻书，也难怪学生会不喜欢呢！"

"这些课程你中有我，我中有你，分开上太不合理了！"

"应该把这些课程整合起来，这样可以解决师资不足的问题。"

"但是，这样做行吗？"
……

■ 意义非常的"一小步"

在上面的讨论中，大家说的那些课程是小学中的科学、品德与社会、综合实践活动以及地方课程等。事情的起因，还得从一次学生问卷开始。

2008 年 10 月至 2009 年 5 月，潍坊市教科院在全市范围内开展了一次课程调研活动，其中，小学选取了城市、县镇、农村

"小学课程整合的理论与实践研究"课题开题仪式

43 所学校，共有 2367 名小学生参与了问卷调查。在本次问卷调查中，有一个问题——"请你选择感兴趣的课程（可多选）"，结果如下：

在所有课程中，综合实践活动、科学、品德与社会以及地方课程排在了"感兴趣的课程"的后四名。

这是一个值得大家关注的问题！

潍坊市教科院为此成立了课题组，展开了调查和研究，通过寻找问题背后的问题进行突破。"小学课程整合的理论与实践研究"课题团队正式组建，首批 9 所学校自愿成为实验学校，它们是：奎文区金宝双语小学、奎文区北宫大街小学、奎文区育华学校、临朐县海尔希望小学、寿光世纪学校、高新区北海学校、高新区东明学校、坊子区三马路小学、潍城区永安路小学。本节一开始的讨论，就是课题组首次开展研讨会时的讨论场景。

最后大家一致认为，为了更有效地实施素质教育，更好地落实课程方案，为了每个孩子更好地发展，必须对部分课程进行整合。主张在 3—6 年级中，以国家课程科学、品德与社会、综合实践活动等为主体，将地方课程中的环境教育、安全教育等相关内容，通过删减、融合、增补、重组，形成以自主性、体验性、开放性、生成性为主要特征的主题模块实施教学，整合后的课程称为"主题课程"。

■ 向一般意义的课程说"再见"

"瘦身"后的课程看似轻巧迈出了"一小步"，但这是意义非常的"一小步"！

在奎文区金宝双语小学，孩子们发现今年的课程表与往年的大不相同了：原来的科学、品德与社会、综合实践活动、安全教育、环境教育等课程都"没"了，取而代

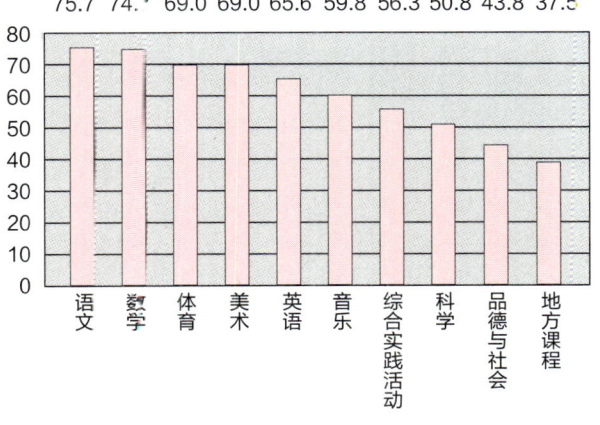

学生对感兴趣课程的排名

之的是主题课程。

在高新区北海学校，主题课程得到了学生家长的大力支持。他们有的协助课程的指导教师一起组织学生，杜绝学生外出实践可能发生的安全隐患；有的帮助联系学生实践体验的场所，成为指导教师的得力助手；有的充分发挥自己的专业特长，变成了一名称职的课程指导者。在学校和教师的引领下，家长们积极地参与到主题课程的一系列活动中，形成了家校联动的良好局面。

在寿光世纪学校，为保障主题课程的实施，学校深入开发了一系列校内外的课程资源。校内，学校投资建立了陶艺、烹饪、木工、刺绣等主题课程实践工场；校外，寿光蔬菜博览园、化龙镇胡萝卜基地、寿光巨能电力、寿光社会福利中心等都是该校挂牌的主题课程实践基地。这些校内外丰富的课程资源，有效保证了课程活动的需要。同时，利用校内外的课程资源，也体现了一种整合，切合主题课程实施的要义。

课程整合四年来，许多学校自愿加入，经过课题组审核，现在实验加盟校有 20 所，实验教师近 300 人。

在课程整合实验的进程中，实验学校、教师不仅是问题的发现者，更是问题的研究者、破解者，他们成为课程整合推进的核心力量。每所实验学校、每位实验教师都为共同的目标贡献力量，也彼此分享着集体的智慧和创造，收获着快乐和成长。

小学课程整合的理论与实践探索课题被立项为国家课题并已经通过鉴定，完成结题，《当代教育科学》设立专刊刊发了课题成果，《中国教育报》对此进行了一系列的报道。

潍坊教育人以及潍坊学子们在向一般意义的课程说"再见"！

4 | 引桥课程：帮助学生跨越泥潭

在教学中，教师们经常发现，学生感觉到的难点、易错点往往带有普遍性和循环性，即不同学校学生的难点、易错点往往雷同，去年和今年学生的难点、易错点也往往相似。它们就像一个个泥潭，阻滞着学生学习的进程。

以前，对于这个问题，教师们往往和学生遇到的问题打"遭遇战"，即什么时候遇到了才想办法解决，缺少提前规划。而且，教师们经常是各自为战，很少相互交流。因此，教学效果总是一般。

必须重视并想办法解决这个问题！

■ 引桥课程，突破难点和易错点

2007 年，潍坊市教育局发布了"深化研究的 19 个重大教育教学问题"，其中的第 3 个问题是"学科引桥课程建设研究——从破解学科教学难点切入，通过增加学生直接感悟、感觉和生活体验打通课内与课外、理论和实践的通道"。

在潍坊市教育局的引领下，全市中小学积极行动起来，他们立足自身实际，开发、实施引桥课程，取得了丰硕成果。

在潍坊广文中学，每到学期末，各年级、各学科教研组的教师会聚到一起，集体制定"学科知识点分布问卷"。该问卷分发到学生手中，要求学生结合自己本学期的学习，选择自己感觉到的难点和易错点。然后，这些学生们的难点、易错点信息便会汇集到各年级、各学科教研组，由教师们进行分类统计和分析，包括男女生难点、易错点对比分析，全体学生难点、易错点统计分析等。在统计分析基础上，学校确定各科引桥课程的开发点。对于这些引桥课程的开发点，学校会通过公示、招标的方式，向全校教师征集引桥课程方案。教师提交的方案必须说明：学生为什么感到难；为什么易出错；如何搭建引桥；如何引导学生借助生活资源和社会资源，帮助学生增加生活体验和感性认识，减缓坡度，降低难度，从而便于大多数学生突破难点和易错点。学校成立引桥课程审核委员会，将审核通过的课程方案收入学校《×× 年级 ×× 学科引桥课程方案集》，成为学校、教师的一笔宝贵财富。

随着学生难点、易错点的逐年显现，教师引桥课程的推陈出新，广文中学的引桥课程呈现出动态生成、不断发展的趋势，课程体系逐渐走向丰富和完善。目前，除了初中各年级、各学科均构建和实施相应的引桥课程之外，英语、数学学科还做了小初引桥，数学、英语、物理、化学学科还做了初高引桥。引桥课程正在向初中两端延伸。

2012 年 12 月，广文中学的引桥课程研究成果获潍坊市教育教学重大问题行动研究一等奖，2013 年 5 月 17—18 日，潍坊市教育局举行专场推介会，向全市中小学推介了广文中学在引桥课程方面的成果。

观察高压锅
——一堂别开生面的引桥课

孙晓燕老师是奎文区德润国际学校的一名初中物理教师，她和有关教师一起，组成了自然科学（物理、化学、生物、地理）引桥课程开发研究小组。为了找准学生的难点、易错点，他们在初二学生中进行问卷调查，征集学生对理化生等学科中的难点和易错点，并对问卷信息进行了统计分析，从中筛选出若干个难点、易错点。

例如：液体沸点与压强的关系；物体在水中的浮沉状态；压强与受力面积间的关系。

孙老师通过进一步访谈，了解到学生之所以感觉这些是难点，经常在这些方面出错，原因主要是缺乏生活经历，对沸点、浮沉、压强、受力面积等概念没有直观感受。针对这一点，孙老师开发了一个"观察高压锅"的活动。

活动目标

知识目标：

通过观察，了解高压锅的结构及其优点。

通过实验，了解沸点与压强的关系。

了解各种种子在水里的浮沉状态。

了解压强和受力面积的关系。

能力目标：

培养学生的观察能力、动手能力。

课前观察作业

具体要求：

（1）仔细观察高压锅的结构。

（2）特别注意观察高压锅与普通锅的不同之处。

（3）利用高压锅煮一锅南瓜八宝粥。

（4）分别用铁盘子、瓷盘子、瓷碗等容器盛上两大勺粥，用手端着它们感受一下温度，你又有哪些发现呢？

准备：

（1）向父母了解八宝粥的做法。

（2）想好做粥的顺序（最好先写下来，避免开始做时乱了阵脚），注意使用统筹方法。

注意观察：

在淘米的过程中，注意观察它们在水中分别是什么状态？（漂浮着？悬着？沉下去？）怎样才能不把细沙也下到锅里去？使用高压锅时要注意什么？开始煮粥后要注意观察高压锅上的几个气阀有什么变化。从开锅到煮熟大约要用多长时间？

课上思考交流问题及拓展点分析

在课前观察的基础上，思考并回答下列问题：

（1）高压锅与普通锅有什么不同之处？

（2）为什么高压锅可以在比较短的时间内就能把难煮的东西煮熟呢？试着提出你的猜想，然后想办法了解其中的奥秘。

（3）各种米在水里的状态一样吗？为什么会出现这样的状态呢？

（4）用菜刀切南瓜时，怎样能更容易一些？

课堂拓展点分析：

拓展点 a：高压锅锅盖上有橡胶垫圈，锅盖和锅体的咬合结构加上橡胶垫圈，让高压锅密封性比普通锅要好很多，所以其中的气压比较高，其中液体的沸点也就随之升高，因此东西比较容易煮熟。

分析：这部分主要针对初中物理中沸点的知识点设计，通过了解高压锅的结构，并用实验了解气压与沸点的关系，培养学生对现象的基本分析能力。

拓展点 b：高压锅的限压阀的作用是控制高压锅内的气压。当锅内的气体受热膨胀时对各个方向都会产生力的作用，其中当作用在限压阀上的力大于限压阀的重力时，就会把限压阀顶起来，内部的气体就会放出一部分，起到调节内部气压的作用。从内部涌出的气体，看起来是一些白色的气团，它们不是水蒸气，而是液化变成的小水滴。

分析：这部分针对初中物理学中"力的平衡"部分，让学生经历这个观察过程，加深印象，提高感性认识。同时也牵扯到地理知识中雨的形成，加深学生对这一部分知识的理解。

拓展点 c：物体的浮沉条件。不同的物体在水中都会受到浮力的作用，它们的浮沉特点与自身的体积没有关系，与自身的质量也没有关系，这个是学生可以通过观察得到的结论。我们进一步引导学生分析物体在水中不仅仅会受到浮力的作用，它还会受到地球的重力作用。当它的浮力小于重力时，就下沉；当浮力大于重力时，就上浮；当浮力等于重力时，就悬浮。密度不同的物体在水中的状态不同，物体密度大于水的密度，物体下沉，反之则上浮，如果物体密度等于水的密度，物体悬浮。这个办法可以大体判断物体的密度范围。

分析：这个问题针对初中物理中的浮力部分，在生活中有很广泛的应用。

拓展点 d：用刀切南瓜是学生遇到的一个困难，大多数孩子都没有想到，切一块南瓜会这么费事。但是他们会很快找到解决的办法，用手放在刀背上，使劲往下压，实在切不动的情况下就换一个角度，实际上就是减小了南瓜的受力面积。这两个方法都是增大压强的办法。

分析：在日常生活中经常会用到增大或者减小压强的地方，在这里对增大压强有了充分的体验，孩子们会在以后日常遇到的问题上，选择更好的办法。

拓展点 e：用不同的容器盛粥，可以让孩子们感受不同材料的热传导性能的差异。其中金属的热传导性能比较好，瓷器的热传导性能比较差。另外，瓷盘和瓷碗因为其盛粥后的上表面积不一样，所以散热效果也不同，可以应用增大蒸发面积、加快蒸发、蒸发吸热来解释。

分析：这个设计是让学生非常明显地感受到不同材料物质的导热性能，同时也有控制变量法的初步应用。

课后拓展

根据学生在课堂讨论中提出的问题，分组探究以下问题：

（1）了解高原上如何让食物煮熟，由此推测高原上的气压是偏低还是偏高？

（2）你能不能设计一个低压锅？它可以有哪些作用呢？

作业的布置：

请同学们根据课堂上我们留下来的问题和老师提出的问题，选择其中一个写在自己的作业本上，作为拓展观察作业。

学生通过参加孙老师设计的这个"观察高压锅"的活动，把物理的抽象知识与直观的生活经历联系了起来，找到了生活原型，降低了理解坡度，这个引桥搭建的效果是令人满意的。

5 | 潍坊给出的课程开发模型

当校本课程的开发成为学校的需要的时候，新的问题出现了。

如何提升校本课程开发者的课程理解力？如何破解中小学校本课程开发专业性不强的问题？这就需要将校本课程的开发放在实践和理论的双重背景中，从中寻找既有理论深度又有可操作性、既关注课程开发又关注学生成长的课程开发模型，从而实现学校、教师、学生的"多赢"局面。

课程开发有不同的模式。以国家课程为代表的"自上而下模式"的弱点是它没有认识到在成人学者和青年学生之间存在着能力、背景知识、经验、学习过程、兴趣和渴望方面的差异。而校本课程开发所代表的"自下而上模式"的弱点在于它在知识结构上的盲点。而以学生为中心展开的"项目模式"则不能给学生展示知识的结构，不能给他们提供自己完成这些任务所必需的系统的前提技能。在价值均衡与权力取舍中的校本课程开发最终将走向元认知，这就涉及课程评价问题。课程开发、课程实施、课程评价、课程改进是不可或缺的校本课程四要素，我们有必要在实践中厘清其中的内在逻辑关系。

基于对国内外课程研制的诸多模型的分析，基于我国中小学校本课程开发的实际条件以及潍坊市诸多学校开发校本课程的经验，潍坊市提出了"基于理解与改进"的校本课程开发模型（见《中小学校本课程开发的异变问题与改进》，载《教育研究》2014年第7期，作者：李秀伟）。

这是一个"四维开放"的课程理解与开发模型：一是融课程开发与理论学习于一体，实现人与课程的共同成长；二是融课程开发与课程改进于一体，实现课程的开放性与发展，并促进课程开发与实施者的改进；三是融"三级课程"管理下的三类课程价值于一体，实现课程的价值归属；四是融模块开发与系统开发于一体，最大限度地实现校本课程开发的简约化。

这也是一个开放递进的校本课程开发与改进模型，在行为取向上经过专业视角的课程开发、趣向视角的课程选用、内省视角的课程反思、变易视角的课程

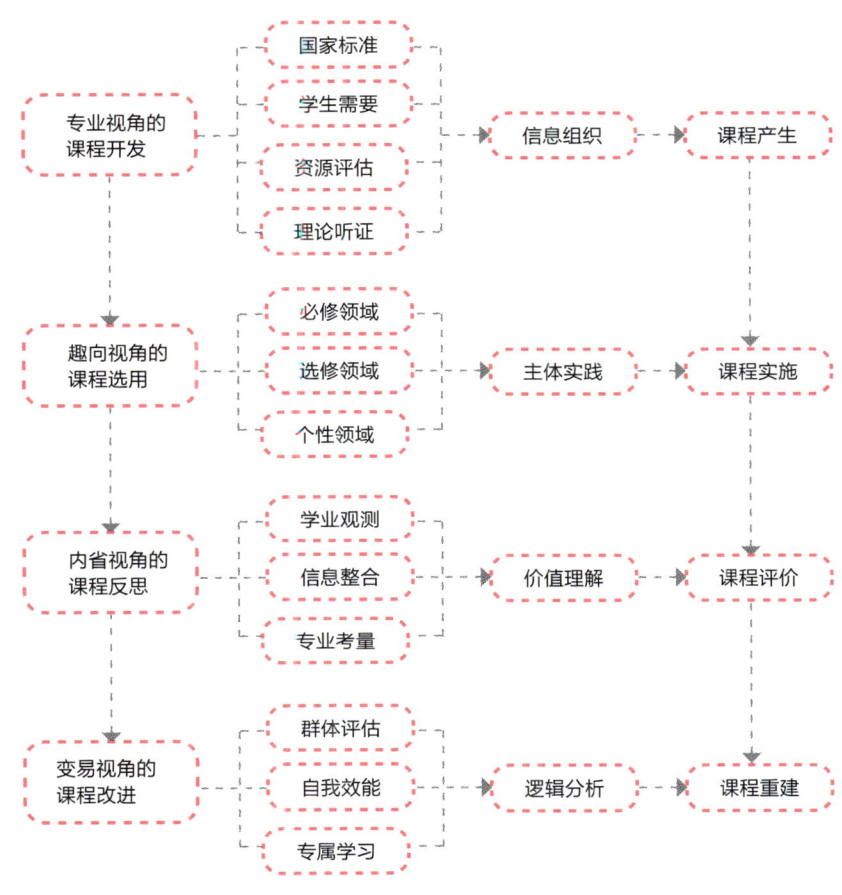

"基于理解与改进"的校本课程开发模型

改进而实现课程生成、课程实施、课程评价、课程重建的校本课程开发模块。纵向上，四个模块递进并循环为一个完整的整体，运用于校本课程开发与不断改进重建的开放过程；横向上，四个模块也可以单独构成课程生成、课程实施、课程改进、课程重建的基本指导模型。作为一个理论迁移与行为解释的基本框架，这一模型以简约化的呈现切入校本课程开发的全过程，并有效矫正当前校本课程开发的诸多异变问题。

从三个领域到四个领域，课程目标及相应的课程内容的发展见证着宋燕老师不断实现的自我超越。这个过程，也正是"基于理解与改进"的校本课程开发模型在校本课程开发实践中的具体运用。在这一过程中，课程开发者将基于发展诉求产生理论与实践的专属学习，以提升课程理解力与研究力，从而实现课程与课程开发者的双向改进与发展。

课程回归校本，校本课程开发是学校在国家课程政策体系内对课程权力与课程资源的优化配置和调整重建，是以教师为主导的能动开发过程，旨在形成符合学校教育哲学的，适应学生发展需要的，在国家、地方、学校管理模式下的结构性课程开发体系。在这一过程中，主体是人。

教师与课程一起成长，学校与课程一起发展，这正是潍坊校本课程开发模型最重要的实践意义！

与课程开发一起成长

"理解与改进"的课程开发模型的价值体现为上述的"四个融合"，更重要的是，许许多多的教师在课程开发过程中践行着其价值。

2012年3月21日，潍坊市育华学校的宋燕老师开始了她的"剪纸探微"课程建设。该课程属于校本课程，而校本课程则体现了学校、教师对国家课程的理解与实践。

宋燕老师将课程目标做了这样的规划：

剪纸教学课程分目标从学习制作单色剪纸、染色剪纸、套色剪纸三个学习领域来设定。

到2013年2月4日，宋燕老师的"剪纸探微"课程在目标上已经有了发展和拓展并逐渐成熟：

剪纸教学课程分目标从搜集不同年代、不同地域的剪纸文化特色，学习制作单色剪纸、染色剪纸、套色剪纸这四个学习领域来设定。

（1）按照剪纸历史发展顺序、不同地域了解剪纸的文化特色

按照历史顺序研究唐代剪纸、宋代剪纸、明清剪纸、民间剪纸探索剪纸文化特色；按照地域研究潍坊高密、河北蔚县等地区剪纸，探索剪纸文化特色。

通过了解不同时期、不同地域的剪纸文化，加深了学生对剪纸文化的理解，对民族传统文化的热爱，增强了民族自豪感。

（2）单色剪纸学习领域

单色剪纸，就是用一种色纸来剪做的。又细分为折剪、迭剪两类。

① 折剪类，即将纸折叠后剪，放开后可得一种图案或字形。

② 迭剪类，即将数张纸重叠在一起，钉牢后再依稿剪之，一次可得数张作品。

通过单色剪纸的学习，让学生们对剪纸的基本元素、基本方法有所熟悉，并能掌握技巧，熟练操作，培养学生的动手动脑能力，增强学生的民族自豪感。

（3）染色剪纸学习领域

染色剪纸，即用易于浸渍的白纸或浅色纸剪成各种形象，再逐次染成所需的颜色；或先将纸染色，再剪成形象。

通过染色剪纸的学习，让学生在熟练掌握单色剪纸的基础上，再学习调色技巧和涂色技巧，以便给剪出的宣纸纹样上色，完成染色剪纸作品。

（4）套色剪纸学习领域

套色剪纸，以单色剪纸的方法剪成主版和次版的形象，再另剪色纸贴裱在主版需要的部位上；或将画稿所需的各色色纸重叠在一起钉牢，再沿稿线依次剪成，择取一张为主版，贴裱在衬底上，再将其余的部分添贴在主版之上。

通过套色剪纸的学习，锻炼学生双手的灵活性和协调性，提高学生的动手能力，培养学生做事耐心和细心的好习惯，同时也让学生了解民俗风情，熟悉生活。

面塑：一朵盛开在校园里的艺术奇葩[1]

面塑，俗称面花、礼馍、花糕、捏面人。它以糯米面为主料，加之食用色素、食用甘油调成不同色彩，在手中几经捏、搓、揉、掀，用小塑料刀或竹篾灵巧地点、切、刻、划，塑成栩栩如生的艺术形象，深受人们喜爱。

---

[1] 潍城区向阳路小学教师韩子进、王爱苹。

旧社会的面塑艺人挑担提盒，走街串巷，坐于街头。在当时，这些民间面塑艺人的作品被视为一种"小玩意儿"，是不能登上大雅之堂的，只为谋生故。著名作家冯骥才说："民间文化是一种母亲文化，它是我们的根，它融入了我们的血肉，给了我们情感。而现在，它正在迅速消失、瓦解……我们必须把它保护起来。"五千年的文明古国，孕育了灿烂的民族文化。与书法、绘画同源，深深扎根于华夏文化沃土的面塑艺术，犹如一朵盛开的奇葩，在纷繁浩渺的艺术门类中，正以她那多姿多彩、雅俗共赏的独特魅力，在国内国际文化交流盛世舞台上闪现出耀眼的光芒。而这门集平面美术与立体雕塑于一体的综合造型艺术，也正因其知识性、趣味性与可操作性而备受社会的关注和少年儿童的青睐。

（1）科学设计，合理规划

①课程规划。在新课程理论的指导下，潍城区向阳路小学于2011年起，着手进行面塑教学的尝试。从2011学年度起，该校逐步开设一至六年级面塑活动，并开始把面塑作为校本课程来开发，逐步编写了教材。

②教材编写。向阳路小学面塑校本教材的研究和开发建立在老师上综合实践活动课、开展个案研究的基础上。随着面塑课程的研究与推进，老师们积累了大量的案例，厚积薄发，在专家的指导下，编写了名为"面塑"的教材。

在教材的内容方面，遵循新课程标准，依据学校的实际情况，传承本地域文化艺术特色，与时代同步，与人文精神相融合，赋予面塑艺术新面貌。而面塑活动对学校学生而言，能在寓教于乐中培养学生的兴趣，强化学生动手、动脑能力，促进学生手、眼、脑的协调发展。系统学习手工面塑的过程，能更好地培养学生的审美观、观察力、想象力、创造力，让学生体验成就感。从而发展思维、启迪智慧，给学生带来无穷的乐趣。

学校聘请专业面塑老师到校进行教学工作，每周一至周五下午，各班级轮流学习，并挑选出心灵手巧、热爱面塑艺术的学生予以重点培养。学校领导亲自与学生共同参与学习过程，体验学习乐趣，分享学习成果，及时与面塑专家交流小学生学习面塑的一些困惑，调整教学思路、教学方法，成为教与学的重要纽带。潍坊市教科院、潍城区教科研培训中心、潍城区体卫艺科的领导也莅临学校指导教学工作，提出了许多可行性建议并寄予厚望。

③课时的科学合理安排。面塑课程重在普及，使学生在面塑教学的大文化背

景下受到教育。学校一至六年级全部开展面塑课，并作为学校的综合实践活动课，每个班级每周开展一次面塑制作学习，每次2课时，做到"人人动手，个个玩面"，让每一位学生体验面塑制作的成功与喜悦。

④课外兴趣小组的建设。课外兴趣小组人员由各年级喜爱面塑的优秀学生组成，全校20—30名学生，每周五下午第三节课进行活动。兴趣小组的建立重在提高面塑作品的质量，制作充满童趣、富有地方特色和生活气息的精美作品。

（2）校本研发，做好结合

每周一次的面塑课成为学生的期盼，学生在动手的同时，也加强了思维能力、身体协调能力等。由于小学阶段一至六年级年龄差别大，因此根据年龄特点开展的课堂教学，分为低、中、高三个年级段，进行不同内容的授课形式。

低年级的制作相对简单，是他们日常十分喜爱和熟悉的棒棒糖；中、高年级做玫瑰花，先把花蕊固定在枝枝上，再取适量的面泥，搓圆、搓长、压扁、卷做成花瓣和叶子固定到树枝上，随着反复的练习，枝头绽放的一朵朵玫瑰花，逐渐生动起来了。学生们感受到了成功的快乐，学习兴趣大大提高。棒棒糖、草莓、西瓜、潍坊萝卜、大白菜、玉米棒子、企鹅、鸳鸯、小白兔、小乌龟、小山羊、老虎、狐狸等，经他们灵巧的小手揉捏变得栩栩如生。

面塑作为一种立体艺术，在学习制作过程中让孩子对立体的事物从小就有了认知，这对孩子空间思维能力的培养起到了很好的作用。在老师的引领下由简到繁，由易而难，循序渐进，从掌握单个形体的基本捏法，逐渐向组合面塑发展，并实现了与语文、数学、英语、综合实践活动等学科的结合。

如语文与面塑的融合，我们熟悉的课文《小蝌蚪找妈妈》，先让学生了解小蝌蚪找妈妈的课文内容，然后根据课文内容发挥想象，制作出立体的小蝌蚪找妈妈的各个场景，并根据立体面塑图片进行演示讲解故事，不仅加深了学生对课文故事情节内容的了解，而且还锻炼了学生的动手能力，培养了学生的口头表达能力。然后将相同或相似类型的物体进行分析比较练习，这样不但让孩子比较方便地掌握了同一类型或相似类型物体的基本捏法，而且也提高了孩子的观察能力和分析能力。现在，学生在面塑老师的指导下，由学科老师参与，逐步把低、中、高年级语文课本中的经典篇目制作成面塑作品，将平面的文字语言以立体直观形式加以展现，大大激发了学生对课文内容的学习兴趣。

面塑课是快乐的课，是深受孩子喜爱的课。快乐的童年对一个人的性格塑造起到了不可替代的作用，相信每个拥有快乐童年的孩子，未来的生活会更加美好。面塑课变化万千，充满了新奇。千变万化的过程，也是孩子在快乐中克服千万难题的过程。

通过面塑，孩子们任意挥洒，塑造自己心灵深处之美，将童真和童趣塑成一个个美好回忆。那是真实的满足感和成就感，这种满足感和成就感会成为孩子对事物兴趣的无穷动力，无形中养成了孩子探求新事物和持之以恒的良好习惯，使孩子在面塑制作的过程中越来越自信。面塑活动不但让孩子们学会了塑形，也学会了专注，养成了主动学习、积极认知的好习惯。随着作品的日益增多，孩子们越来越喜欢展示自己的成果，因为这些成果出自于他们自己的脑和手，是自己的创作，是自我价值的体现。教师通过讲评、展览，培养学生的审美能力，让他们体验创新的乐趣，并学会与他人分享。每节课的作品展示环节，学生们会一起来讲评，谈谈对这些作品的看法。对那些有新意的作品教师会给予鼓励和表扬，孩子们会争相传看、学习这些优秀作品。学习面塑不仅是孩子们快乐成长的一个经历，更是在玩中学、学中玩，快乐感受生活的一个难得过程！

为了培养学生的面塑兴趣，学校组建了面塑社团；以家长会、亲子活动为契机，让家长到校，通过亲子互动和参观展室中学生的作品，共同感受创作快乐和艺术魅力；为了激发学生的学习兴趣，学校还不定期地组织一些主题教育和参加社会实践的公益活动，结合学校实际情况，组织小型义卖会。在四川雅安地震期间，学校就组织过义卖活动，并把义卖所得的钱捐给了灾区，虽然卖的钱不多，但是对学生的教育意义重大。

随着面塑艺术在我校的深入推广，我们会在潍坊这块文化沃土上扎根于民间，与日常生活紧密联系，传承浓郁的地方韵味，借鉴安丘泥塑生动之形象、鲜艳之着色、精巧之制作，借鉴聂家庄泥塑造型大胆夸张、稚拙憨朴、着色鲜艳醒目，表神写意，加之能动、会叫的独特技艺，将传统艺术与现代艺术相结合，以纯真的审美、稚嫩的手法，创作出更多的艺术作品，带动周边学校掀起民俗艺术进课堂的高潮。

教师，在课程改革中成长

韩兴娥老师在课堂上

于美霞老师在课堂上

王冬梅老师在课堂上

没有教师的专业成长，没有教师的课程意识与扎实的教学功力，再美好的课程顶层设计都会在课堂中被消解于无形。

而优秀的教师，凭借其主观能动性，凭借其对本学科知识的深刻理解，凭借其对本学科知识与其他学科、生活经验之联系的发现，能实现整体的、综合的育人目标。正是从这个意义上，人们会说：好教师就是一门课程。

任何组织，都应该把人看作最重要的战略要素。同样，对课程改革而言，教师也是最重要的战略要素。

在潍坊，教师们努力着、分享着、创造着！

当面对"谁是最优秀的教师"的追问时，潍坊教育人的回答是：每一位教师都是优秀的！

潍坊教育人骄傲地说：我们信任每一位教师，依靠每一位教师，因为每位教师都是一座高峰。

1 | 于美霞和她的"互助教学法"

杨屯小学，位于昌邑市南部的饮马镇杨屯村。像大多数农村小学一样，这里校舍简陋，只有三排平房；师资力量薄弱，连同校长一起，共有 18 位教师，而且半数以上为民转公，年龄 50 岁以上的就有 8 人；学生数量少，全校共有 6 个教学班，240 余名学生。

这是一所非常平静而又平凡的小学校。然而，就在这所平静而又平凡的小学校里，自 2002 年开始，有一位教师开始引起外界的关注。因为，她所教班级的学生，每次考试的优秀率都是 100%；他们仅用一年时间就学完了两年的课程，而且经检测，优秀率达到 100%；更为引人注目的是，这些平日木讷、胆小的农村娃，好像一夜之间都换了个人，变得自信、聪颖、善思。

这一现象轰动了潍坊，震动了全省。而且，这种轰动效应一直持续到今天。

创造这个教学奇迹的，就是该校现年50 岁的小学数学教师于美霞，她的教学法被人称为"互助教学法"。

■ 于美霞其人

她个子不高，留着齐耳短发。虽然她现在已经是潍坊名师、山东省优秀教师、山东省特级教师、全国优秀教师，但她仍然穿着朴素。细心的人会发现，在她的鞋子上、裤腿角，还会有露水或泥土，这是她清晨在田间劳作的印记。多年的民办教师经历，使她依然保持着清晨劳作的习惯。

■ "互助教学法"如何神奇？

于美霞老师的教室里经常坐满了来自全国各地的听课教师，她都习以为常了。

听过于老师课的人都知道，她的课堂有三个特点：

①学生真的动起来了。这里的"动"，不只表现在外在的肢体动、言语动，更多的是表现在内在的思维上的"动"。

② 课堂效率高。学生们思路开阔，思维严谨，始终围绕中心问题展开探索，表现出良好的思维习惯和较高的思维水平。

③ 课堂结构形散而神不散。跟许多教师的课堂相比，于老师的课堂看不到"设计"的痕迹，看到的只是学生们那涌动的思维的浪潮，把课堂一浪浪地、不断地推向前去。

教师此时不是弄潮儿——因为波涛大多是自己涨起来的，她更像是一名冲浪者，随着波浪上下起伏。

■ "互助教学法"的秘诀是什么？

如果要用一句话概括"互助教学法"的秘诀，那就是：让学生喜欢上数学！于美霞毫不保留地说出了自己的三个小绝招：

一是，尽快让学生接纳自己，成为他们的朋友。开学第一周的数学课，于老师通常不急于讲授数学内容，而是跟学生谈心，谈家庭情况、科学故事、名人逸事，谈他们学习中的困难，抓住每个学生的闪光点，尽最大的努力了解学生；为了和学生自然地融合到一起，课间活动时间，她会和学生一块儿跳绳、踢毽子；学生生病了，她一定领着学生去看病、买药；天冷了，她会叮嘱学生多穿衣服。真挚的付出得到了学生的尊重，对学生真挚的爱打开了学生的心扉。渐渐地，数学课堂成了她和学生情感交流的阵地。

二是，引导学生互助，多表扬，少批评。接手一个新班级后，于老师总是组织学生开展"找优点"的活动：给自己找优点，给别人找优点。表扬是于老师运用最多的武器：优秀的学生表扬，有进步的学生表扬，哪怕是没有进步的学生，她也尽力寻找他的闪光点进行表扬，特别是热心助人的学生，就一定会得到于老师的表扬。对于犯了错误的学生，于老师从来不当着其他同学的面批评，而是以个别谈话的方式进行引导教育，把自己和学生放在平等的位置上来交流，保护学生的自尊心。

三是，巧设小题目，让研究的乐趣吸引孩子。于老师经常利用课余时间给学生出些小题目，让学生去研究，然后师生共同交流。这些题目的突出特点是有趣。比如：一根圆木把它锯成两段要用 3 分钟，如果把它锯成 4 段要用几分钟？学生有的在想，有的在算，有的小声讨论。一会儿，王海鹏说："要用 9 分钟，太简单了！"其他同学也随声附和。但于老师没有立即表态，这引发了学生做更进一步的思考。

又过了几分钟，孟祥石说："不对，要是把它锯成两段后，再摞在一块锯，这样用的时间会更短，应该是 6 分钟。"他刚说完，李景华就站起来说："不行吧？摞起来就是锯两根，不会省时间。"这时王海平又说："应该把这两段平摆起来就行，可以用6分钟。"经过一番争论，结果这两个答案都正确。学生们纷纷说："老师，再出一个，这样的题真有意思！"时间长了，学生们品尝到了数学思考的乐趣，逐渐爱上了数学。

■ "互助教学法"的课堂教学流程是什么？

于美霞的"互助教学法"其实并不复杂，共有五大环节：问题呈现—小组合作探究—汇报交流—练习巩固—课堂小结。

问题呈现：精心给学生创设问题情境，或刻意制造悬念，激活学生的思维，引发学生产生问题的联想，使之尽快进入学习状态。

小组合作探究：学生明确了本节课要研究的问题后，以学习互助组为单位展开研究，在小组长的带领下，该说的说，该做的做。教师变成小组的一名成员，参与到学生的探究过程中。

汇报交流：于美霞大力倡导"没有错误的回答"的信条，她向学生提出要求，尊重别人就是尊重自己，不管对与错，都要虚心倾听，追求"没有批评的课堂"。

练习巩固：于美霞也特别注意练习题设计的层次性，因此在这个环节，会有针对不同层次学生、合理搭配的三类题目：一是面向全体学生、巩固"双基"的基础性题目；二是立足于实际、有一定难度的综合性题目；三是有较大灵活性、益于潜能开发的益智型题目。

课堂小结：教师用画龙点睛之术把本节课学习的知识概括起来，强化了数学本身的思想方法，给学生以新的启迪和感受。

为了保证五大环节能够产生良好的教学效益，于美霞还关注了学生良好学习习惯的培养，尤其是小组合作学习习惯的培养。

2003年，昌邑市教育局把于美霞作为农村教学改革的一面旗帜，号召全市的中小学教师向她学习。

2004年，时任潍坊市教育局局长的李希贵专程来听她的课，给予了充分肯定。当年10月，潍坊市教科院专门下发文件并召开现场会全面推广了她的经验。同年，于美霞荣获潍坊市人民政府教学成果奖。

自此，于美霞的名字和她的"互助教学法"像长了翅膀一样被传播开来。来杨屯小学听课学习的人络绎不绝，目前已达10000多人次。许多教育界的知名人士称于美霞为昌邑的"魏书生"。

互助课堂一瞥

——于美霞教学"长方体和正方体"

师：前面我们学过一些平面图形，像长方形、正方形等，你还能说出长方形和正方形四条边有怎样的关系吗？

生：长方形的两组对边分别相等，四个角都是直角。

生：长方形的四条边分成两组，两条长是一组，两条宽是一组，并且每组当中两条边的长度都相等。正方形的四条边都相等。

师：在了解长方形和正方形的基础上，你能说一下长方体有什么特征吗？

【点评：以旧引新——厗已了解过的事物的特性类推与之相似的新事物的特性，这既是一种高效的导课策略，更是一种良好的思维习惯。】

生：长方体有六个面，并且六个面都是长方形。

生：不对。我手中的这个长方体，它就有两个面是正方形。

生：大家说的都对。确实是这样，在一个长方体中，它的六个面可能都是长方形，也可能有两个面是正方形，并且相对的两个面的大小一定相等。

生：你说在一个长方体中有四个面是正方形，对吗？

生：你见过有四个正方形的长方体吗？

生：我没见过。

生：既然你没见过，就不能说有。从缝毽子当中就很容易得到结论，如果有四个面是正方形，那剩下的两个面根本就缝不到一块。

师：对。在一个长方体中，一般情况下它的六个面都是长方形，特殊情况下，也可能有两个相对的面是正方形。知道了吗？在一个长方体中，相对的两个面的大小一定完全相等，对吗？大家验证一下。

【点评：听于老师的课，总会被她课堂中学生的表现所折服。学生的表达是那样的自然流畅，他们都那么勇敢地把自己的思想亮出来：往往是第一个发言的学生拧开了思维交流的龙头，后续发言的学生便承接而上，而且，后一个观点总是比前一个观点有所发展，展现出思维的开放性和深刻性。教师在学生交流过程中言语不多，但时机把握恰到好处，往往是一个问题交流得较为充分时，教师便及时给予简短的总结，接着，再从学生的发言中择其新奇的观点作为继续交流的

"引子"，新的交流便又围绕着新的问题开始了。】

生：通过我们组的验证，大家说的是正确的。左右两个面的大小完全相等。它的长都是 5 厘米，宽都是 3 厘米。并且上下和前后两个面的长短也都相等。

生：我们组也验证出来了。我们组是这样做的：把它们对折在一块，相等的两个面完全重合，这就说明相对的两个面的大小一定相等。

师：把长方体相对的两个面对折在一块完全重合，这就证明在一个长方体中相对的两个面完全相同，正确吗？

生：（齐声）正确。

师：长方体还有什么特征？

生：一个长方体共有 12 条边，像长方形一样，相对的两条边的长度也一定相等。

生：不是只有两条边，而是有四条边，相对的两个面就有相等的四条边。

生：老师，我还发现一个问题，这 12 条边又可以把它们分成 3 组（演示），每组的长度都相等。

师：你们发现这个特征了吗？在一个长方体中，它的 12 条边是不是这样的，我们演示一下看一看。（教师演示）在一个长方体中，我们把两个面相交的这条边叫棱，长方体的这 12 条棱又可以分成 3 组，每相对的四条是一组，每组的长度都相等。你还有什么新发现？

生：它还有 8 个顶点。

生：老师，长方体它还应该有高，虽然我说不上是哪条，可是三角形、梯形都有高，长方体这么多面，也应该有高。

师：对，长方体还应该有高，长方体的高应该是哪一条呢？我告诉同学们，相交于一点的这三条棱分别叫作长方体的长、宽、高。

生：老师，这三条只能是这样吗？我认为哪条做高都行，就看你从哪个方向看，也可以认为长方体有四条长、四条宽、四条高。

师：长方体中有六个面，相对的两个面完全相等，有 12 条边和 8 个顶点。在学习长方体的启示下，你能说一说正方体（也叫立方体）又有哪些特征吗？

生：它有六个相等的面，并且每个面都是正方形。

生：它有 12 条边，它们的长度都相等，剩下的特征和长方体一样。

师：正方体的六个面都是正方形，并且这六个面完全相同，12条棱的长度也都相等，剩下的特征与长方体相同。因为长方体和正方体这么相似，正方体也可以看成是特殊的长方体。如果用一个集合图来表示的话，它们的关系如下图所示。

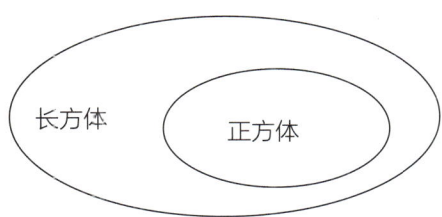

师：知道了长方体和正方体的特征，运用它们的特征能求出做这个纸盒一共用了多少平方厘米的纸板吗？

生：这个问题很容易求出来。把这六个面的面积相加就是做这个纸盒所用纸板的面积，可以这样做：（上＋前＋左）×2，因为面积相等的面有两个。

生：上×2＋前×2＋左×2就是这个纸盒所用的纸板的面积。

生：老师，两棱之间压着的地方也有面积怎么办？

师：可以忽略不计。同学们认为用这样的方法能求出这个纸盒一共用了多少平方厘米的纸板吗？其实，所用纸板的面积叫作这个长方体的表面积。正方体六个面的总面积叫作正方体的表面积。有了长方体表面积的计算方法，课后自己试着把正方体表面积的求法找出来。

【点评：听了这么一大段师生谈话，就好像置身于一个茶馆，大家围绕着一个个话题进行思考、发言、质疑、讨论、评价，这里没有谁是权威，没有谁能独霸话语权。你可能奇怪，为什么找不到教师"教"的痕迹呢？然而，你不得不承认，那些在其他课上被教师作为教学重点的知识和结论一点儿也没有遗漏，甚至还可能收获得更多。如果要总结于老师课堂教学特点的话，有两个字非常适合，那就是——生成。】

练习：略。

2 | 韩兴娥和她的"海量阅读"

从 2003 年开始，在潍坊，有一位小学语文教师和她的课堂得到了高度关注。市教育局局长、省城教育专家、市教研员、全国小语界的前辈泰斗，纷纷走进了她的课堂！更有来自全国各地的万千同行，纷至沓来！而且，这种关注度持续升温，至今不减。

这位教师就是韩兴娥，潍坊市高新区北海学校的一名小学语文教师。

■ 自称"笨老师"的韩兴娥

见过韩老师的人都会有这样的印象：朴实而真诚，简单而内敛。韩老师这样评价自己："我口才平平，文章写得满纸大实话，既无文字的美感，也无思想的高度，是名副其实的笨老师。"

《山东教育》原总编辑陶继新这样评价她：韩兴娥老师是孔子所称道的典型的"讷于言而敏于行"的一类人，甚至给人"欲说还羞"的感觉，即使在课堂上，她也是少言寡语。

然而，就是这样一位外表柔弱的女教师，其内心却无比坚强。在小学语文教学改革之路上，她敢于向传统开刀，不向困难低头，即使堂堂须眉也多望尘莫及。

2011 年 4 月，韩兴娥课堂教学艺术研讨会召开

2013 年 6 月，韩兴娥"海量阅读"教改实验及潍坊北海学校办学经验现场会召开

"笨老师"韩兴娥

■ "海量阅读"是什么？

顾名思义，"海量阅读"是以阅读为核心的语文教学方法。历经多年课堂上的摸索与改进，韩兴娥的"海量阅读"已经形成一个螺旋上升的体系：

一年级：海量阅读儿歌；

二至三年级：海量阅读整个小学全部教材及课外精美文章；

四至六年级：海量阅读古今经典。

■ 如何进行"海量阅读"？

一年级：在海量阅读儿歌中拼读、识字。

按照教参中的规定，一年级拼音教学需要 6 周时间。韩老师没有照搬教参和教材，她用 3 个星期教完拼音。自然，学生学得不扎实，但她在拼音教学结束后，便组织学生开展海量阅读儿歌，在阅读中将拼音的深化应用与识字相结合，使学生在实战中熟悉音节，强化了对拼音的有效复习。

海量阅读儿歌，从最简短的三字童谣，再过渡到五字、七字童谣，在大量阅读中慢慢提高阅读的难度，学生的阅读能力在不知不觉中提高。经过韩兴娥的精选、改编，还形成了《成语儿歌 100 首》《歇后语儿歌 100 首》《多音字儿歌 200 首》等"海量阅读"校本教材。

在小学语文教学改革之路上，她敢于向传统开刀，不向困难低头，即使堂堂须眉也多望尘莫及。

二至三年级：在韵文诗词中积累语言。

从二年级开始，韩兴娥和学生们走上了阅读快车道——两周学完一本书。她的教学方法很简单，不去条分缕析，只要求有感情地朗读。因为教材都配着录音带或 MP3 录音，所以上课时，学生听着录音、看着课本，精力可集中了，每一篇课文对他们来说都是一个新鲜的故事。听完录音，学生自己读一遍，难读易错的生字、生词、句子，老师或者打印出来，或者写到黑板上，或映到屏幕上，大家一起读。学生诵读的文章越多，朗诵、理解能力越高。到三年级时，不经过预习，只要默读一遍，或听一遍录音，学生就能有感情地进行朗读。

就是用这种貌似囫囵吞枣、不求甚解的阅读方法，韩老师和她的学生很快就把小学阶段的语文课本读完了。

再读什么呢？带着故事的《三字经》《弟子规》《唐诗故事》《宋词故事》《成语故事》《中华成语千句文》便走进了韩老师的班级，成了二、三年级学生阅读的书。

对于这些韵文、诗词，课堂上只安排集体读一遍，老师通过一些奖励手段，引导学生主动提前阅读，引导亲子共读，家长听孩子念，孩子念错了家长就纠正读音。老师则在课堂上领读故事中易错的词语，为学生清除阅读的障碍。

"劳于读书，逸于作文。"韩老师的学生从三年级起就能下笔成文，那些慢孩子也能做到语句通顺，这是"海量阅读"的功劳。不过，这也是意料之中的事情：有了满腹经纶的积累，何愁没有出口成章的表达？

四至六年级：在古今经典中浸润心灵。

首先是诵读白话文。因为有了前期的阅读基础，他们一星期读 10 万～20 万字的白话文已变得轻而易举，实现了真正意义上的海量阅读。

其次是诵读文言文。比如，读唐诗、宋词《史记》《资治通鉴》等，方法仍旧是"不求甚解"地读。通过海量的文言文阅读，让文字慢慢浸润学生的心灵，而不是像在中学那样，揪住一篇文言文分析、背诵，以求在短时间内掌握。

然而，韩兴娥并不仅仅是让学生读。她深知，那种不触及深层次思维、不着眼于应用的阅读，只能是"死读书，读死书，读书死"。

韩兴娥特别重视学生读书后的学以致用，而且，这个理念是她一贯坚持的，贯穿于"海量阅读"的整个过程。

比如，《读历史学成语》中有一个成语"洗耳恭听"：许由嫌尧让他当官是侮辱了他，到河边洗耳朵，而现在则形容恭恭敬敬地听别人讲话或欣赏优美的乐曲。韩兴娥设计的学以致用练习如下：

他在这里备受尊敬，所以当他开口说话时，人们总是 _____。（洗耳恭听）

练习着眼于实际应用，在阅读与表达之间就搭起了桥梁。

如今的韩兴娥声名远播，可很多人不知道的是，当年她不得不在全体家长面前立下军令状：如果做"海量阅读"让孩子的语文成绩下降了，就辞去本班语文教师的职务。当然，她成功了，那年，她所带班级的语文成绩全市第一！

正是凭着这股巾帼不让须眉的勇气和十多年的坚持，韩兴娥成功地从教材突围，以"海量阅读"的方式把一个又一个具有种子能量的经典文字储存到了学生记忆深处，并在他们内心植下热爱阅读的种子，为他们的人生增添了一抹厚重而绚烂的底色！

3 | 特色教师涌现的临朐现象

临朐是潍坊市的一个县，位于城市的西南部，处沂蒙山区腹地。这里地域偏僻，大部分学校和教师都在农村。长期以来，该县一直属于全市教育的落后县。

教育的落后首先在于优秀师资人才的落后。对于这一点，临朐人民有着太多的切身感受。然而，从2009年起，这里相继产生了山东省教学能手9名、省市特级教师20名、临朐名师10名、学科带头人150名、学科骨干教师1000名，仿佛是一夜之间，优秀的特色教师雨后春笋般地"冒"了出来，盖都盖不住。

■ 临朐特色教师群缘何产生？

为推动教师个性化、特色化发展，临朐县教育局对全县特色教师发展工作做了宏观规划，提出了四个发展目标，规划了教师特色发展的三大发展时期。

全县教师发展工作的四个目标是指：在特色教法凝练上，提出了由构建个人的特色教学方法到形成个人的教学风格的发展目标；在特色教师培养上，确立了"特色新秀—特色教师—特色名师"成长梯队及特色教师"十百千"工程培养目标；在学校整体发展上，提出了由个人到团队、由团队到学校的发展目标，以特色教师培养推动学校整体发展；在县域工作推进上，提出了以打造区域教育特色为目标，开展品德、艺术、课程、管理等特色教育系列活动，创建特色学校和品牌学校，提出了由特色教学到特色教育的长远发展目标。

教师特色发展三大发展时期是指：初始发展时期、深化提升时期和成熟转化时期。

初始发展时期的主要任务是构建特色教学方法、培养特色教师、构建特色课堂，县域推进特色教学。

深化提升时期的主要任务是进一步提炼教师的教学特色，逐步形成个人教学风格，同时开发教师个性化的教学课程，帮助教师进行教育理论学习和总结，厚实教育理论素养。

成熟转化时期的主要任务是在教师已经凝练形成了较为明显和稳定的教学风格与教育个性、教学成果明显、教学影响范围较大、社会声望和满意度都较高的基础上，推动教师成为地方教育名师、地方教育专家，甚至地方教育大师。

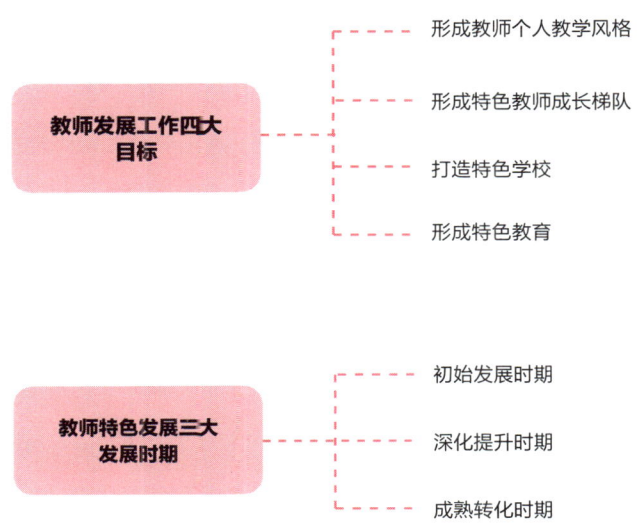

■ 镜头回到 2009 年

要实现教师的特色发展，就要在教学上给广大教师创造一个自由、宽松的环境，让教师能够独立思考，能够有一定的教育追求。临朐县从尊重教师、肯定教师的发展能力入手，树立赏识教师的培养理念，努力寻找和发现教师专业发展的生长点。为此，临朐县确定了"张扬个性 凸显特色，长期坚守，凝铸风格"的教师个人成长之路，并响亮地喊出"教学有法，教无定法，人人有法，贵在得法"、"用我的教法，启迪学生智慧；用我的学识，陶冶学生情操；用我的人格，影响学生一生"的口号，采取多种方式，激励教师发展。

一是，一选一评，突出教学特色。2009 年年初，在全县教师"个性化教学方法"征集的基础上，从中选出 30 项在实践中证明很有成效的教学方法，并深入课堂与这些教师一起反复磨课，反复总结提炼，使这些教师的教法日臻完善且个性突出。通过评选，有 11 位教师成了第一批特色教师。

二是，分项训练，提升教师专业水平。为进一步提升特色教师的专业水平，临朐县教育局根据教师日常教育教学中存在的问题，围绕课堂教学梳理出了 8 个专项训练模块，对特色教师开展了课标研说、教材解读、教学仪态、课堂语言、教学机智、课堂观察等形式多样、务实高效的专项训练活动。通过训练，特色教师的专业水平有了明显提高，他们开始用专业的眼光去审视和改变自己的教学实践。

三是，组建特色团队，促进整体发展。

临朐县从尊重教师、肯定教师的发展能力入手，树立赏识教师的培养理念，努力发现和培植教师专业发展的生长点。

《人民教育》的专题报道

在特色教学取得显著成效的基础上，临朐县在区域层面特别重视充分发挥特色教师的示范和引领作用，将特色教学向特色团队延伸，即以特色教师为骨干组建教师专业发展的"草根团队"。如"马彩清高品位悦读工作室"、"白兴玲批注阅读工作室"、"主问题教学研究团体"、"小学英语简笔画辅助教学研究室"、"李守祥体验教育工作室"、"小学日记教学研究团体"、"九山作文教学研究团队"等十几个教学研究团队，参与教师近300人。

■ 镜头回到 2010、2011 年

临朐县教师队伍个性化、特色化发展的做法在教育界产生了积极的影响。

2010 年 12 月，山东省创新教育课堂教学研究暨临朐县特色教学创新成果展示会在临朐召开。在这次会议上，山东省教育厅副厅长张志勇高度评价了临朐县开展特色教学推动教师队伍建设的成功经验。他指出："我非常赞赏临朐 2008 年以来推动教师队伍建设的思路和做法。他们在走一条解

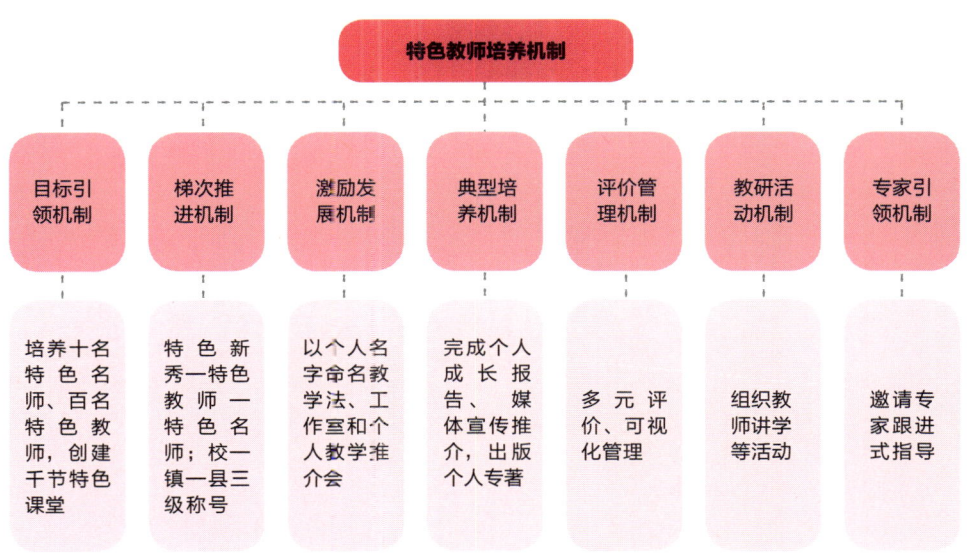

临朐县特色教师培养机制

放教师、追求个性、释放每位教师的创造性、把每个教师的优势发挥到极致的教研新路。"

《创新教育》《山东教育报》等报刊对临朐县的特色教学研究和特色教师成长进行了专题报道。《人民教育》2011年第23期对临朐县的特色教师发展工作进行了长篇专题报道。

2011年5月，"潍坊市重大问题行动研究暨临朐县特色教学推介会"向全市中小学推介了临朐县特色教师培养的先进做法。在2011年全国目标教学会议和全国首届和谐杯"我的模式我的课"高效教学模式博览会上，临朐县做典型发言，介绍了全县教师个性化、特色化培养的经验和做法。

可以这样说，临朐经验已经上升为具有一般意义的课程与教学改革经验，正在走出一条极具现代气息的农村教育跨越式发展之路。

4 | 让教育成果烙上教师之名

潍坊十中语文教师徐娟，潍坊五中生物教师王炳兰，昌邑塔耳铺初级中学语文教师徐治兴，潍城区实验小学语文教师赵红，昌邑奎聚小学数学教师徐丽霞，还有毕英春、孙颖、颜诺、刘会平、王香兰、吕映红……

提起潍坊教育，这一长串名字是许多教育同人都耳熟能详的。

在潍坊，以教师姓名命名的教育教学改革成果显示了潍坊教育百花齐放、群星璀璨的喜人场面！

"王冬梅智趣数学课"、"侯忠彦品诵教学法"、"孙云霄复调语文"、"李海梅诗化课堂"、"李晓梅梯度教学"、"陈雁'五分提效'教学"、"韩少华化学'体验线谱'"、"赵楠英语公共性教学"……一项项成果，有的已经在全国产生了广泛的影响。

在潍坊，以教师名字命名的教学思想研讨会、推介会更是彰显潍坊对每一位教师创造性劳动的尊重！

"王冬梅教学思想全国研讨会"、"李虹霞教学思想全国研讨会"、"赵红教学思想全国研讨会"、"韩兴娥教学思想全国研讨会"……潍坊教育人很有底气地将这些成果向全国同行推介。

而在很多地方这是不可想象的。不止一位外地的老师在参加完这样的推介会后，不无羡慕地说："潍坊在打造名师上就是这么'任性'！"

我们来看看崔秀梅主编的潍坊市"轻负担·高质量"丛书中一部书目显示的信息：

徐秀英：语文自主探究、互助合作教学

刘世云：初中地理自主互助学习型教学

于田华："自主、互助、快乐、高效"语文教学

张小梅：数学"互助、合作学习"教学

王　芳：化学学科"合作探究分层教学法"

王炳兰：初中生物"自主、合作、高效、快乐"教学

严丰强：初中数学"轻负、高质"教学

张　前：生物探究教学

范荣玉：初中地理"快乐铸图 1+1"教学

孙永红：初中化学"合作—竞争"教学

刘　霞：数学师生"互位、互动"教学

张　芳：初中思想品德问题探究教学

顾宝林：初中历史"问题推进教学法"

于润东：物理"质疑引思，反馈落实"

教学

　　张雪莲："问题·探究"式化学教学

　　周清泽：语文兴趣教学

　　李金娥："五环节"和谐教学

　　宋文霞：数学情境教学

　　毕玉江：情境创设作文

　　张立志：政治兴趣教学

　　张玉峰：思想品德"七化"高效趣味教学

　　刘玉梅：地理课堂快乐学习教学

　　翟伟英：初中英语学科轻松愉悦和谐教学

　　夏祥顺：初中语文情趣教学

　　徐春景：思想品德"爱与快乐"主题教学

　　崔怀永：初中历史"兴趣导引"教学

　　杨金博：海龙初中化学"环环紧扣"教学

　　李晓萌：梯度教学

　　孙玉凤：语文"四序"教学

　　孔维华：化学三步落实教学

　　王建昌：语文"十分"层次教学

　　孙彦秀：初中数学"倒序"教学

　　崔串弟：思想品德课"5+1"课堂教学

　　张守文：初中生物实验闲暇教育"四步"教学

　　赵翠珍：初中数学"六减六增"五步教学

　　李庆丽：浅谈语文教学六步尝试

　　高明永：英语"三步走"教学

　　刘崇慧：初中数学"三段五步教学法"

　　曲香梅：初中物理"四步八环节"复习课教学

　　聂英姿：思想品德"关注时政热点，用事实验证理论"的"五步复习法"

　　荆洪兰：物理"五步骤"教学法

　　王　梅：轻负给孩子插上飞向蓝天的翅膀

　　李　萍："轻装减负，实质高效"

　　张洪良：数学"内外兼修"教学

　　赵艳艳：语文"任务分解"教学

　　郑　娟：英语"精巧实适"教学

　　刘祥福：数学"模型化计算"教学

　　肖　艳：物理"四环节"轻松复习

　　谭艳云：化学问题教学

　　刘　健：初中物理实验创新教学

　　蒋延林：思想品德"三精三活"教学

　　苑振河：初中物理"1+1+N"型教学

　　臧　梅：英语"三六一"教学

　　王　静：语文高效读写教学

　　张成贤：物理激励教学

　　孙晓燕：生物"三步、四环节、七评价"教学

　　白兴玲：语文"批注阅读"教学

　　宋永璐：思想品德"一线五步"教学

　　王作鹏："激兴趣、重方法、主参与"语文教学

　　谭瑞梅：初中生物"六环节自主达标"教学

　　臧方虹：初中语文"三秀一评"教学

　　杨培政：初中英语"三位一体"教学

　　张永青："单元捆绑＋主题拓展"教学

　　王　忠：语文"主问题"教学

　　陈　雁：初中英语"五分提效"教学

　　韩少华：初中化学"体验式"教学

李国良：数学"问题式导学"教学

吕学良：物理"捆绑式"教学

章继冬：历史"一学二问三帮"教学

陈孝花：语文"三悟"教学

王玉琴：思想品德"以学为主六环节"教学

栗瑞芳：初中思品"动、乐、爱三位一体小组自主—互动"教学

郑清河：初中地理"四图"自主学习

秦桂杰：初中生物减负增效教学模式

王　萍：初中英语"四化教学法"

王玉哲：初中物理"学—讨—究—延"高效教学

潘秀玲：作文"写—评—改"一体化教学

王晓萍：初中数学"五重"教学

马兴山：初中历史模块教学

张军梅：初中数学"开放层级式"教学

唐行亭：双组双评六步作文教学法

孙　岩：数学"整合教材着眼整体"教学

楚晓英：初中数学"363"教学

……

细细梳理这一组组用教师的名字命名的课堂，这一个个用教师名字命名的研讨大会，我们分明感到，教学模式与思想无疑是教师智慧和实践沉淀下来的结晶，而这样命名的背后无疑是对教师专业成长的敬畏和尊重。

敬畏和尊重，让更多的教师拥有了教育情怀。虽然，他们所面对的教学环境千差万别、参差不齐，然而，"没有比脚更长的路，没有比人更高的山"，因为这份教育情怀，他们耸立成一座座挺拔、俊秀的高峰。

制度变革，创新

不忘燎原

王清华老师和他的英语"快乐秀"

王清华老师的"快乐秀"课堂

时任云南省教育厅厅长罗崇敏在昌乐二中考查

充满生命张力的课堂、特色鲜明的学校课程、独树一帜的教师培养工程、雨后春笋般涌现的名师……

潍坊不断创造出引领中国基础教育课程与教学改革的成功经验，吸引全国各地的记者、世界各地的教育界同人久久停留于这片土地。

潍坊教育为什么能如此充满生机和活力？

"改到深处是制度"，这句话既是潍坊教育人在推进教育改革实践时的切身体会，也是在回顾教育改革历程时的经典概括。

以人为本，持续不断的制度创新是成就潍坊教育改革的核心要素。

1 | 从"拿鞭子赶"到"我自己来"

在潍坊，制度的建设不仅使一系列教育创新之举得到落实、深化和发展，而且更重要的是，制度建设优化了潍坊的教育土壤，让更多的教育创新有了生长出来的可能。

制度之于人的价值不再是外在的管制，而是规范、引领和解放。在制度的大格局中，潍坊教育人的自由意志和探索精神有了更开阔的用武之地。

以制度建设为视角，不得不说，课程与教学改革的成功得益于"基于问题解决、致力创新共享"工作推动机制的创立。

为了能推进课堂教学改革，潍坊市教育局制定了"学科教学建议"并组织达标验收。但仅仅推行了两年，验收组就发现验收课和家常课"两张皮"的现象。到了第三年，达标验收工作不得不终止。推行"学科教学建议"的失败让潍坊教育人意识到：课堂教学改革必须走以校为本、以人为本的道路，必须激发学校内部和教师个体的创新动力。"拿鞭子赶"不行，要让学校教师自发、自觉、自主求发展。一个机制创新的思路由此萌芽了。

潍坊市教育局在调研中发现，许多学校和教师为了解决自己教学和管理中的困难，会像于美霞那样自发地创造出一些行之有效的"土办法"，而这些办法中就蕴含朴素的教育智慧。"信任每一位教师，依靠每一位教师"，就要构建一种机制，激

课堂教学改革必须走以校为本、以人为本的道路，必须激发学校内部和教师个体的创新动力。

"基于问题解决、致力创新共享"工作推动机制

发学校和教师的内在动力，吸引他们在自己的教育实践中创造自己的教育教学成果，凝练自己的教育思想。"基于问题解决、致力创新共享"工作推动机制由此诞生。事实证明，它唤醒了学校和教师的内在需求，激发了全市上下致力于教育教学问题行动研究的热情，推动着潍坊的教育改革稳步前行。

2005 年 6 月 16 日，潍坊市教育局向全市发布了《潍坊市教育局关于构建"基于问题解决、致力创新共享"工作推动机制，全面提升我市基础教育核心竞争力的实施意见》（潍教字〔2005〕22 号）。意见中首次提出包括"问题发现征集"、"问题梳理研究"、"研究成果推广"和"管理评价"四项引领和激励基层进行教育教学改革的工作机制。至此，一个问题导向的理性教育

发展模型在潍坊大地上生长起来。

■ 问题发现征集机制 —— 找准促进全市基础教育改革与发展的切入点

问题发现是问题解决的前提，也是教育事业改革与发展的原动力。

潍坊市教育局建立了从教师、班级、年级、教研组、学校到县市区不同层面的问题征集机制，实施"问题工作法"，广泛征集影响全市中小学教育教学质量提高的普遍问题。

每年 6 月下旬，潍坊市教育局面向各县市区和中小学校分别征集影响教育教学质量提高与影响学生健康成长的具体问题（其中包括学生教育、学科教学、学校管理三

107

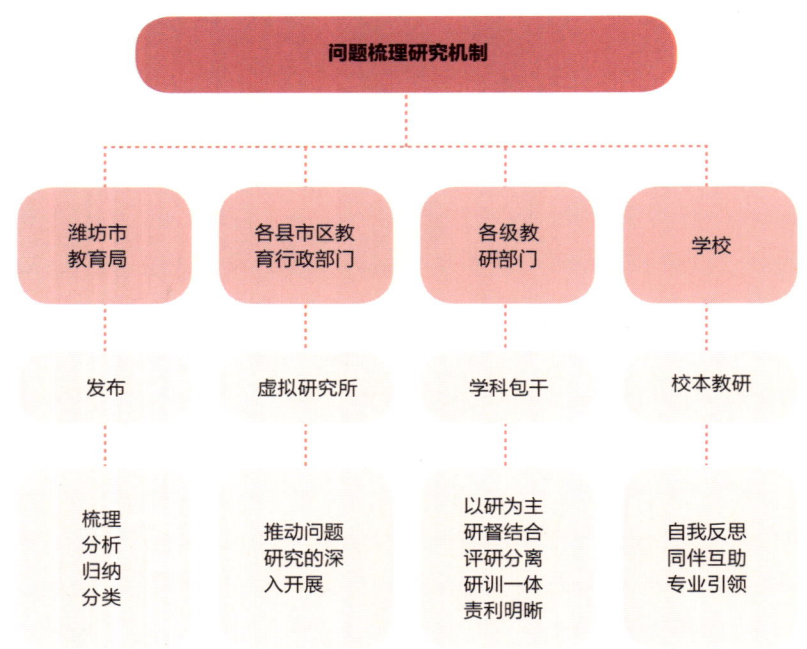

潍坊市独创的问题梳理研究机制

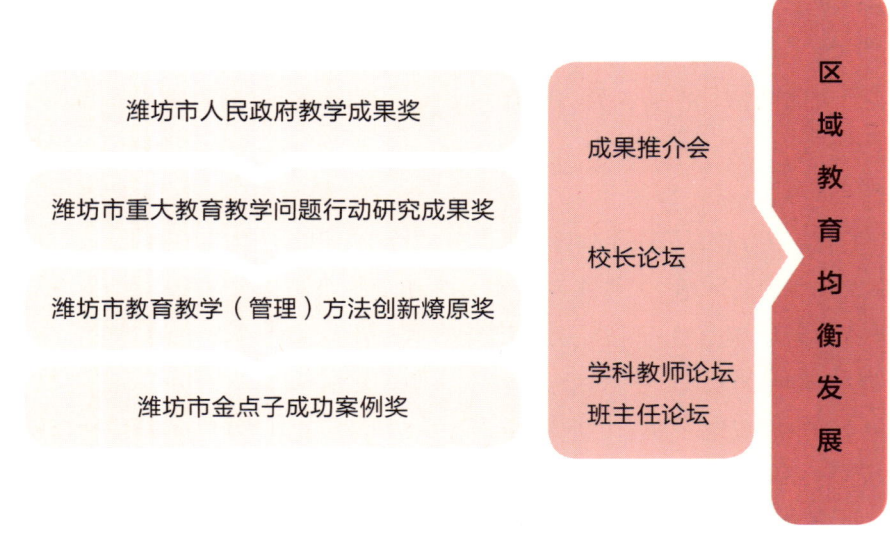

潍坊市教育教学成果推广机制

个方面和高中、初中、小学、幼儿园四个学段），建立问题资源库，重点攻关解决对全市教育质量提高有重大影响和带动作用的突出问题，这些突出问题被称为"重大问题"，其他问题被称为"普通问题"。

■ 问题梳理研究机制 —— 促进全市基础教育的自主创新

问题梳理研究是问题解决的关键环节，也是教育创新的重要过程。

问题梳理研究以新课程实施为导向，以行动研究为切入点，引导广大教育工作者围绕重大教育教学问题，突出教育创新，立足实际问题的解决，进行深度思考和不断反思；同时，推动广大教育工作者将教育教学和管理中的问题进行梳理分析、归纳分类，不断增强问题研究的针对性和实效性。

每年9月中旬，潍坊市教育局将市教科院梳理分析、归纳分类的重大教育教学问题向全市中小学、教育行政部门、教研机构发布。

各县市区教育行政部门紧紧围绕重大教育教学问题的研究与解决，分期、分批建立以课题为依托、以学校为基地的虚拟研究所，推动问题研究的深入开展。

各级教研部门转变工作职能，落实学科包干责任制，按照"以研为主，研督结合，评研分离，研训一体，责利明晰"的思路，集中全市教科研力量，依

靠群体智慧对征集的教育教学问题进行攻关研究。

学校建立了以案例为载体，以自我反思、同伴互助、专业引领为基本要素的校本教研制度，进行教育教学问题的行动研究。

■ 研究成果推广机制——实现全市基础教育改革与发展创新成果的交流与共享

研究成果的推广与共享既是大面积提高教育教学质量的迫切需要，又是实现教育均衡发展的推动力量。

研究是上半场，推广是下半场，只有上半场和下半场都精彩，才能使教育教学的成果发挥出更大的力量。为此，潍坊市教育局在研究成果的推广上也采取了一系列的创新举措。

一是建立各项评选制度。潍坊市教育局除了继续执行创新燎原奖评选制度和"金点子"成功案例征集制度外，又增设了重大教育教学问题行动研究成果评选制度，继续将优秀的获奖成果纳入潍坊市人民政府教学成果奖。

具体流程是：以发布的重大教育教学问题引领全市所有中小学校及教师主动实践探索，认真总结有效解决问题的成功案例；第二年的5月中旬，各县市区教研部门收集区域内成功案例，并进行实地调查、科学论证，在此基础上向市教科院推荐；市教科院组成若干专家组，对县市区申报的"金

研究是上半场，推广是下半场，只有上半场和下半场都精彩，才能使教育教学的成果发挥出更大的力量。

点子"成功案例奖、创新燎原奖等逐一进行评审，并在6月下旬将通过评审认定的案例向全市发布；潍坊市教育局对优秀成果进行表彰和奖励。

二是举办各级校长论坛。潍坊市教育局每年至少在每个学段各举办两期校长论坛，交流分享学校解决重大教育教学问题的成功经验，相互启迪，互相学习。论坛促进了不同层次学校的均衡发展，也激励了校长群体不断学习与成长，一大批校长在做与说的相互促进中脱颖而出，成长为有较大社会影响的专家型校长。

三是加强各级各类教师的交流。潍坊市教育局每年在每学段、每学科至少举办一次教师论坛，在每学段至少举办一次班主任论坛。通过论坛和教育沙龙，引领教师对教育教学实践进行深度思考，促进教师之间的学习交流和实践经验的共享，提升广大教师的专业成长。同时，潍坊市教育局建设并不断优化教师开展论坛和举办沙龙的基地，充分发挥计算机网络资源优势，搭建教师与专家对话的平台，培养和造就了一批在省内外有较大社会影响的名师。

四是定期组织成果推介会。潍坊市教育局每年从基于重大教育教学问题解决的市政府成果奖和市教育局创新燎原奖中筛选优秀成果，举办不同层次、形式多样的成果推介活动。通过推介活动，引导全市教育工作者结合自己的教育教学实践，充分学习和借鉴成功的创新成果，及时将别人成功的研究成果运用到自己的教育教学工作中去，不断转变教育观念，更新教育思想，改革教学方法，提高教育教学质量和效益，从而创造出自己的、更先进的教育教学经验和新的教育教学成果。

■ 管理评价机制——为全面提升全市基础教育核心竞争力提供保障

潍坊市教育局将实施重大教育教学问题的征集发布、研究解决和成果推广交流情况作为对各县市区教育工作督导评估的工作重点和督导评估学校办学水平的重点内容，作为对教师"评优树先"的重要依据。

创新燎原奖和金点子成功案例奖

★创新燎原奖：包括两大类，一是创新奖，对破解教育教学中的共性问题、重大问题的成果进行奖励，鼓励学校和教师探索解决问题的新途径、新方法；二是燎原奖，奖励在已有研究成果的推广应用和深化研究中有突出贡献者，鼓励学校和教师学习借鉴成功的教育经验，并创造性地应用。

创新燎原奖均以学校校名或创造者姓名命名表彰，并纳入市政府教学成果奖予以奖励。同时，市教育局召开成果推介会，向全市推广。

★"金点子"成功案例奖：该奖项对教师在教学中的偶得或者独创性的教学策略进行鼓励，旨在激发教师从细微处寻找解决问题方法的兴趣和动力。教育教学改革中的很多困难就在一个个小问题的解决中迎刃而解，教师在解决小问题的过程中不断地研究、实践、总结、升华，最终形成自己卓有成效的做法。教师在对小问题进行"草根式"研究的过程中慢慢摸着了门道，日积月累，渐渐地也就变成了教育教学研究的专家。

评选出的金点子成功案例纳入潍坊市人民政府教学成果奖和潍坊市教育教学（管理）方法创新燎原奖一并表彰奖励。同时，金点子成功案例评选情况还纳入了每年对各县市区教育工作督导评估成绩。

创新燎原奖和金点子成功案例奖的推出，激发了一线教育工作者的创造热情，汇聚了广大教师和研究者的智慧。可以说，这改变了过去教育改革由上而下的传统路径，实现了教育改革运行机制的创新。

■ 第一次问题征集

2005 年，潍坊市教科院组织各县市区、各中小学校自下而上地开展问题征集活动，查找影响教学质量提高和学生健康成长的普遍问题。

全市共收到近 3000 个问题，经专家梳理和评审认定，整理出 9 个影响教学质量的问题和 7 个影响学生健康成长的问题，作为教育教学领域的重大问题。其中，"教师讲授时间过多，课堂效益不高"排在问题首位。

同时，潍坊市教育局组织对中小学教育

拉开序幕：2004 年 10 月 21 日，潍坊市教育局发布《关于设立"中小学教育教学（管理）方法创新燎原奖"的通知》（潍教办字〔2004〕46 号）；2004 年 10 月 26 日，公布了第一批"普通高中教育教学（管理）方法创新燎原奖"（潍教办字〔2004〕49 号）。

探索深入：2005 年 1 月 26 日，潍坊市教育局又下发了《关于开展中小学（幼儿园）金点子成功案例评选活动的通知》（潍教办字〔2005〕4 号），决定从当年起，每年在全市组织开展一次评选中小学（幼儿园）金点子成功案例活动。

全面启动：2005 年 6 月 16 日，潍坊市教育局发布《潍坊市教育局关于构建"基于问题解决、致力创新共享"工作机制，全面提升我市基础教育核心竞争力的核心意见》（潍教办字〔2005〕22 号），建立起了"问题发现征集—问题梳理研究—研究成果推广—管理评价"四大机制。

重点推进：2005 年 12 月 14 日，潍坊市教育局印发了《关于开展 2006 年重大教育教学问题行动研究的意见》（潍教办字〔2005〕51 号），公布了 16 个重大问题和 225 个普遍问题。

初见成效：2007 年 10 月 17 日，潍坊市教育局印发了《关于公布 2006 年重大教育教学问题行动研究成果奖的通知》（潍教办字〔2007〕71 号），公布了 37 项获奖成果。

潍坊市"基于问题解决、致力创新共享"工作机制的发展历程

教学中存在的问题进行大型问卷调查。对样本为 1895 人的初中学生问卷调查结果进行统计分析，结果显示：数学、物理、化学等学科教学中，有超过 30% 的学生通过自学就能基本掌握书本的知识和方法，而有近 20% 的学生听不懂教师的讲解，76% 的学生对教师过多的讲解不满意。

如果说"基于问题解决、致力创新共享"机制是潍坊市"自主·互助·学习型"课堂产生的助产士和孵化器，那么，潍坊市教育局每年的一号文件和教育督导则是"自主·互助·学习型"课堂发展的催化剂。

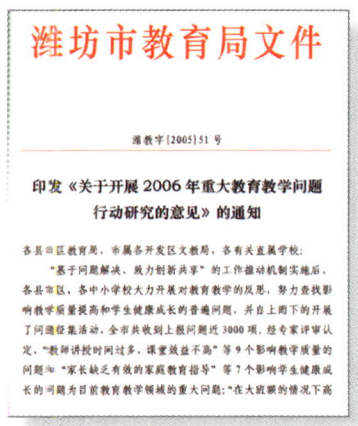

潍坊市公布首批重大教育教学问题行动研究项目

2013 年，潍坊市教育局又把积极推行课堂教学改革纳入高中学校五星级评价。以"全面落实三维育人目标，课堂流程清晰、自主高效，学生满意度高"为评价目标，从学校的课堂教学改革实施情况、课堂评价制度建设及实施情况、建设基于网络的学习平台和学习资源库、学生对课堂教学的满意度等方面全面评价课堂教学改革落实的情况，有力地推动了高中课堂的变化。

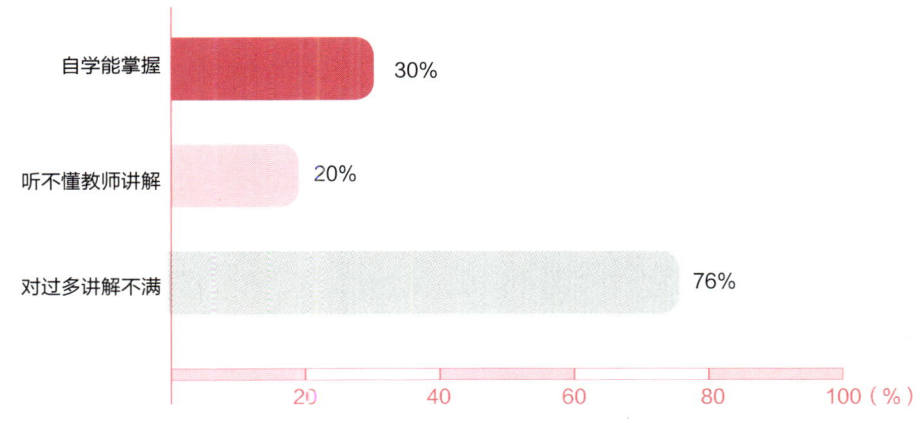

学生对教师教学方式的反馈统计图

2 | 人人成功，万众创新

"上下同欲者胜。"《孙子兵法》给出了取胜之道：上下一心。然而，这看似简单的一条道理，其实是很难做到的。因为，不管是在观念和理论层面，还是在将观念和理论落实到实践层面，上下级之间的沟通总是不可避免地会出现失真。

面对这样的难题，潍坊的课程教学给出了制胜之道：人人成功，万众创新。通过"基于问题解决、致力创新共享"工作推动机制，畅通了上下沟通的渠道，真正实现了"上下同欲"，从而结出累累硕果。

"一石激起千层浪"，系列成果奖的评选撬动了教师的专业成长，激发了教师们的创新热情，所产生的连锁反应不亚于美国气象学家洛伦兹提出的"蝴蝶效应"。

2006年至今，潍坊市教育局发布影响教育质量提高的重大教育教学问题46个，有3.7万名教师直接参与；命名创新奖、燎原奖1122项，公布金点子2132个；评选表彰政府教学成果奖1627项，每年出资100万元对获奖者予以奖励；以教师命名52种教学法；评选潍坊名师30人，每人每年财政提供2万元科研经费；设立"教师创新成果出版基金"，已为30位教师出版专著。

"自主·互助·学习型"课堂的研究和深化推广，便是"基于问题解决、致力创新共享"机制驱动的结果。

潍坊五中等学校的开拓性探索，为潍坊市课堂教学改革提供了可供借鉴的实践经验：

课堂教学改革是"一把手工程"；

课堂教学改革要建立足够的保障机制；

课堂教学改革要建立教师研究的引领机制；

课堂教学改革要建立教师常规检查反馈机制；

课堂教学改革要关注学生小组建设和小组管理机制的创新。

教师出版的部分研究成果

以创新奖将学校、教师的研究呈现出来，以燎原奖将学校、教师的研究推广出去……正是潍坊市鼓励"创新不忘燎原"的推进机制，激发了学校和教师学习与探索的主动性，创造性地改变了区域层面对教育的专业引领和服务方式，在潍坊各地播下了改革的种子，并使它们生根、发芽、苗壮成长……

现在，"自主·互助·学习型"课堂之花已开遍全市从小学到高中的各个学段，而且姹紫嫣红，各具特色，汇成了潍坊教育的春天。

机制激发了活力。不管是区域、学校还是教师个人，潍坊的教育人"八仙过海，各显神通"，探索着课程和教学改革的路。临朐县以"特色教师"的培养评选为抓手推进"十百千"工程，走的是尊重和发展教师之路；昌邑市教研室则针对影响课堂改革的基本元素（学校、教师、学生），制定并科学实施"三制两评"的系统推进机制，探索有效推进课堂教学改革均衡发展措施。

在潍坊已形成"人人都是创新主体、事事都是创新舞台"的工作格局。在潍坊的教育大地上，激发教师自己的潜能，让教师

面对这样的难题，潍坊的课程教学给出了制胜之道：人人成功，万众创新。

链接

创新不忘燎原

"快乐秀"课堂教学法推介会

2009 年 4 月 1 日，诸城市教育局、教研室在诸城市林家村镇瓦店小学召开了由全市市直初中、小学校长和各乡镇中心学校校长、驻地小学校长及部分英语骨干教师参加的"小学英语'快乐秀'课堂教学法"推介会。

会上，全体与会人员观摩了王清华老师的公开课，聆听了王清华老师的经验介绍。王清华老师的"快乐秀"课堂，以"学生 100% 的参与率、小组内高效合作和小组间有序而激烈的 PK"，征服了在场的每一个人。

当年，诸城市教育局下发了《关于在全市推广学习"'快乐秀'课堂教学法"的决定》。2009 年 6 月，王清华老师的"快乐秀"课堂得到了教育部基础教育课程教材发展中心、《基础教育课程》杂志社专家和领导的肯定，其研究成果也登上了国家级教育媒体。

诸城市林家村镇瓦店小学是个农村学校，当时全校只有不到 10 个教师，王清华老师的成长和成功折射出诸城市教育局推进课堂教学改革机制的成效。

征服罗崇敏的"271 高效课堂"

面对课改，很多高中学校迫于高考升学压力而不敢作为。昌乐二中却进行了大刀阔斧的教学改革，并构建起了"271 高效课堂"，享誉全国。

2010 年 12 月，时任云南省教育厅厅长罗崇敏，率云南省部分副市长、市教育局局长一行 20 人到昌乐二中考察。他对昌乐二中的办学特色、办学理念、优美的校园文化环境、人性化的育人机制以及学校素质教育发展等方面给予了很高的评价，并希望与昌乐二中进行全方位的合作，将昌乐二中的模式复制到云南，建立起云南昌乐实验中学。

2011 年 9 月 1 日，云南农大附中开学。校址在云南农业大学原建工学院内，由云南农业大学、山东昌乐二中、永益地产三方按股份制合作办学。教学模式完全照搬昌乐二中"271 高效课堂"，30 多位教师和管理团队成员全部来自昌乐二中。学校 8 月 12 日宣布招生，在 20 天的时间里，云南农业大学腾出了建工学院，并迅速完成了校舍建设。

那么，让一位见多识广的教育厅厅长关注的"271高效课堂"到底是怎么回事呢？

所谓"271高效课堂"，就是根据学生课堂学习内容与学生组成的实际，对课堂45分钟进行合理划分的一种课堂模式。在课堂中，约20%的时间用于教师讲解、引导、点拨（即教师讲授不超过10分钟），70%的时间留给学生自主学习、合作探究（即学生自学、练习、讨论、展示的时间不少于30分钟），10%的时间（即最后5分钟）让学生对当堂课所学内容进行巩固、落实、深化、提高。也就是说，如果把课堂45分钟看作"10"，那么教师的讲授为"2"，学生自主学习为"7"，总结巩固为"1"。

"271高效课堂"实现了以下三大改变。

一是教师角色的改变：师长变学长，自己退到后台，放下学生，让学生自己跑。二是学生角色的改变：学生成为学习的主人，开放、自主、安全的课堂，让学生的主动发展成为现实，摆脱了被动接受的局面，教师变成了他们学习的伙伴。三是教室功能的改变：教室变学室，讲堂变成学生自由发展的天堂，教室成为知识的超市，学习成为生命的狂欢。

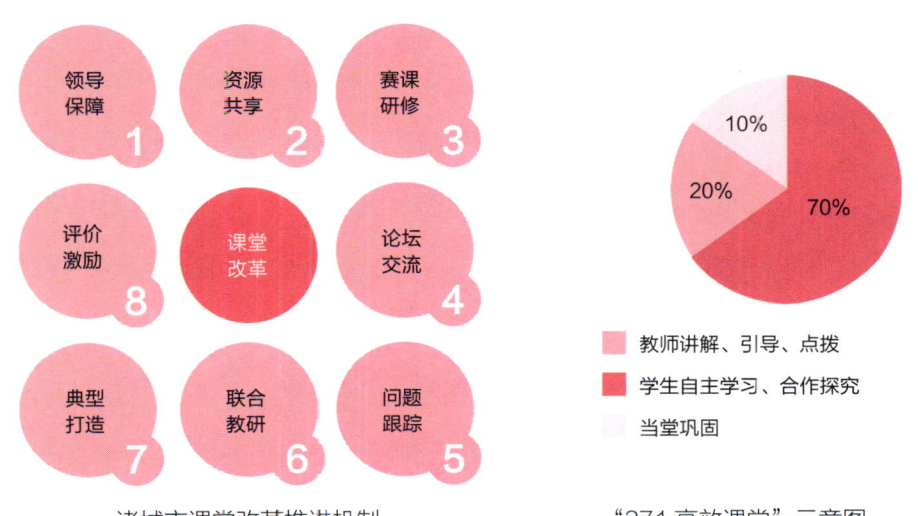

诸城市课堂改革推进机制　　　　　"271高效课堂"示意图

主动地、有创造性地去工作已经成为大家的一种思想意识。正是对教师的充分信任，由"管"到"放"的转变，成就了潍坊教师，也辉煌了潍坊教育。

现在，每所学校，每位教师，都在探索适合自己个性、适合自己学科、适合自己学生的课堂教学风格。让人倍感欣慰的是，无论城市还是乡村，哪怕只有几个教学班的教学点，教师们谈起课堂改革，也充满了自主、合作、探究等代表新课改理念的词汇；哪怕是最偏远的山区小学，也会有几个甚至一批教师的课堂教学生机盎然、生动活泼，师生真正在享受着生态课堂的幸福。

链接

昌邑市"三制两评"的区域课改推进制度

三制："领导干部抓教学（课改）制"——让校长把课改作为头等大事，率先垂范，抓出质量；"习惯养成总领制"——引导学校和教师以自主学习为重点，加强学生学习习惯、学习规范、学习方法的培养，让学生养成自主学习、独立钻研、大胆质疑、勇于吃苦、合作探究的良好习惯，掌握学习的方法技巧和规律，做到好学、学会与会学的有机统一；"课改品牌带动制"——以于美霞"互助教学法"、奎聚小学"自能学习"等省市知名课改品牌为龙头，以各学段各学科的课堂教学改革实验团为带动，以课改实验点校为基地，以名师讲堂、现场会、研讨会、推介会、听证会为平台，充分发挥课堂改革典型骨干教师的带动和辐射作用，促进教师之间、学校之间、城乡之间的均衡发展。

两评："课程改革专项点评"和"视导评估面评"，通过市教研室组织下的相互间的评价，引起各街道教管办和学校对课改的重视，并通过评价学习经验，发现并指导解决问题，通过促进课改均衡发展。

比如"课堂改革专项点评"就是昌邑市教育局为推进全市课堂教学改革的均衡发展，借鉴行政点评经验，创造性地把点评机制引入课堂教学改革的一项举措。每年春天，分市直、镇街区两批次组织初中、小学课堂教学改革专项调度点评活动，主要包括以下四个环节：

一是领导参与。行政推进是昌邑市中小学课堂教学点评的重要抓手。教育局下发《昌邑市教育局关于组织普通中小学课堂教学改革调度点评的预备通知》，明确指出："参加人员为市教育局领导班子成员，各镇、街（区）教育办主任，被点评学校校长和教研室三个学段的全体教研员。"教育局一把手带队进课堂，教育局班子成员、各镇街区教育办主任、市直学校校长、驻地学校校长、教研室各学科教研员全程参与。

二是交流展示。分为两部分：其一是被点评单位就本学期在课堂教学改革方面的具体做法和取得的成功经验由校长现场汇报，并形成书面材料。其二是被点评单位根据学校规模大小确定不同人数上点评课。如昌邑一中、文山中学各 4 节，其他市直学校各 2 节，每个教育办初中、小学各 2 节。为保证点评课的质量和公平，教育局文件规定："已经参加上届点评授课和本年度未申报课堂教学达标验收的教师以及因课堂改革成绩显著受到省级以上表彰的教师不能参加本次点评活动授课。"这项规定划定了上下两条红线，"上线"保障了每年的点评课须有新人推出，"下线"使在全市中小学教师中推行的"达标课"落到了实处。"点面结合"的交流展示形式，避免了"一花独放"，促进了学校课堂教学改革的全面推进。

三是量化打分。全体参与人员现场听课和听汇报后，采用实名制方式为各单位量化打分。教育局主要领导公布点评结果，真正做到表扬先进、激励后进。

四是结果使用。点评结果以相应分值纳入年度教学工作评估总成绩，作为评选年度教学工作先进单位、课堂教学改革先进学校的重要依据。此项活动，大大提高了各单位一把手对课堂教学改革的重视程度，也促进课堂教学改革第二、第三梯队的优秀成员脱颖而出。

这一系列的措施，让乡镇、学校各级领导更加重视课改工作，课堂改革面上均衡发展效果明显，全市中小学各级各类学校的课堂改革工作都呈现出了良好的发展势头，三个学段形成了各具特色的高效课堂教学策略，实现了学生爱学习、会学习、学得好的教学发展目标。

正是对教师的充分信任，由"管"到"放"的转变，成就了潍坊教师，也辉煌了潍坊教育。

3 | 自组织型课例研修

对很多人而言，"自组织型课例研修"这个词给人既熟悉又陌生的感觉。"课例研修"是惯用的词汇，可"自组织"却让人疑惑。对此，潍坊中心双语学校的李蓓蓓老师有着切身的感受："乍看，它好似教研组内的集体备课、磨课；再看，它又不同于学校常态的教研组集体备课、磨课；细看，原来它是走进课程与教学深处的一种全新的校本研修形式，是在学科教学改进基础上构建起来的、以课例为核心的新型校本研修方式。我有幸加入齐鲁名师李秀伟老师的工作室，和工作室的同人们一起切磋教学，共同参与'自组织型课例研修'，才知道这个词的深意。对于我而言，正是'自组织型课例研修'，让我从一个单纯的教书匠逐渐成长为一名会思考、会研究的教育者。"

简而言之，"自组织型课例研修"是在广泛借鉴国内外研究成果并结合校本研修的新路径，在反思验证后确立的一种课例研修方式。经过实践尝试和反思优化，这种课例研修方式最终形成了相对稳定的流程与方法。

该模型以课例研修为载体，整体设计重组了校本研修活动：横向呈现了一个课例教学设计四个层次的递进，纵向呈现了每个层次教学设计的研修活动形式、关注点和教师提供的研修成果。这样的校本研修更接地气，与传统课例研修相比，研修活动目标意识强，活动内容有了系统化、结构化的设计，教师参与过程中角色多元、主体性增强，教师由单纯的课堂教学实践者拓展到教育实践的观察和研究者。

正是"自组织型课例研修"，让我从一个单纯的教书匠逐渐成长为一名会思考、会研究的教育者。

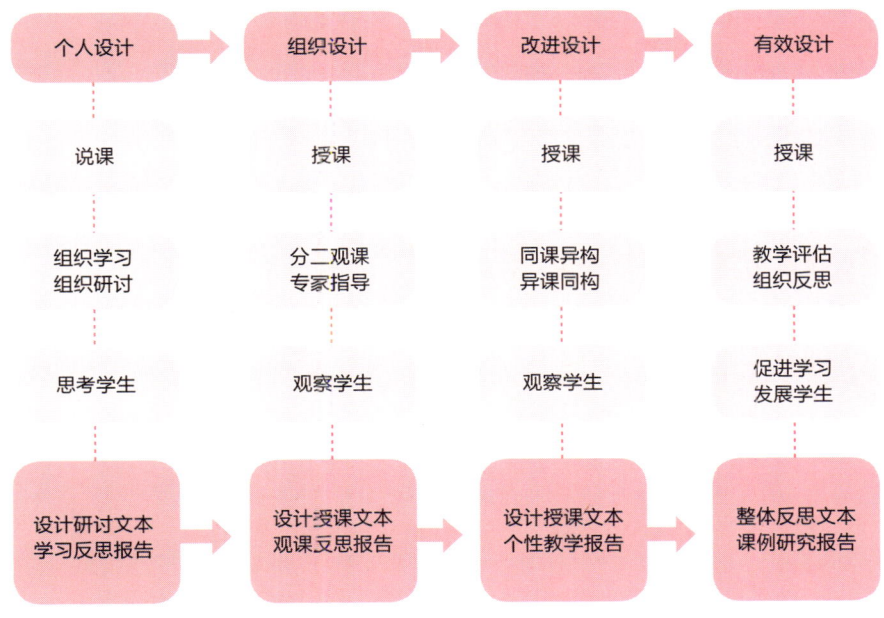

"自组织型课例研修"模型

我在"自组织型课例研修"中成长①

　　课堂是教师体现自身素质的主阵地，通过"自组织型课例研修"，我在教学设计、教学行为、教学观察和教学反思等诸方面都有了提升。下面，我以研修《装满昆虫的衣袋》为例，说一说自己的改变与收获。

　　（1）教学设计上的改变

　　①教学目标的设定

　　《装满昆虫的衣袋》是五年级的一篇课文，我们研究的主题是高年级阅读课

①本文是潍坊中心双语学校李蓓蓓老师在课例研修中的成长心得。

的教学流程。语文教学参考书上对本课有三个目标：一是学会本课的一类字，认识本课的二类字，理解由生字组成的词语；二是正确、流利、有感情地朗读课文；三是理解人物特点，体会人物对昆虫痴迷的情感，学习人物对科学执着的精神。

根据教学参考书，我最初的教学目标设定和书上基本一样：

A.学会本课9个生字，两条绿线内的6个字只识不写。理解由生字组成的词语。

B.能正确、流利、有感情地朗读课文。

C.借助课文的具体语句体会法布尔对昆虫的热爱和痴迷的情感。

D.从法布尔的故事中受到启示，从小养成善于观察、善于发现的好习惯，培养热爱自然、热爱科学的志趣。

经过校本研修后，我发现教学目标的确定并不是这么笼统的。参考书给予我们的只是大方向，而小细节还要教师自己根据教学的需要去设定。基于这样的考虑，我将教学目标进行了修改，从而使教学目标更加细化，更加有针对性和指导性。

以下就是我修改后的教学目标（前三条是第一课时目标，后三条是第二课时目标）：

A.能正确认读本课生字新词。能认读"莱、栖、蠕、兜、痴"5个生字，正确书写"昆、纺、察、骂、毒、垃、圾、殿"8个生字。联系上下文理解由生字组成的词语："纵横、鸟栖虫居、痴迷、蠕虫"。

B.能正确、流利地朗读课文。

C.学习抓住关键词句揣摩人物特点的阅读方法。发现哪些是值得揣摩的关键词句，知道怎样写批注。

D.有感情地朗读课文的第4、5、9、10自然段。

E.能运用抓住关键词句、揣摩人物特点的阅读方法。能抓住"静静地观察、欣赏、放进、丝毫没能阻止、仍然……"等词语体会法布尔对昆虫的痴迷。

F.从法布尔的故事中受到启示，热爱自然、热爱科学。

修改后的教学目标更加明确，能力方面简化为两条：一是抓住关键词，二是作批注。这样，教学环节的设计就可以围绕专一目标进行。教学目标的改变，看似是形式上的变化，实则不然，这种转变更是一种理念的转变，是将阅读教学从"文本解读式"的教学向"能力培养式"的教学转变的一种表现。

② 教学流程的设计

最初，我基于个人的教学经验将教学流程分为以下六个环节：

激发兴趣，导入新课

检查预习，整体感知

精读课文，披文入情

回读全文，厘清结构

课堂练习，情感升华

布置作业，拓展延伸

在研讨中，大家指出了我这个教学流程设计的最大问题：没有围绕教学目标来设计。教学流程本应该是为实现目标而设定的，前面的教学目标已经有了变化，教学设计也必须相应有所调整。于是，修改后的教学设计包含以下七个环节：

激发兴趣，导入新课

初读课文，整体感知

精读课文，学习方法

精读课文，运用方法

课堂练习，情感升华

总结全文

布置作业，拓展延伸

教学流程修改不仅体现了目标意识，更重要的是意味着设计理念的不同。修改后的教学设计，努力体现从"教教材"到"教课程"的重心转变。

③ 语文能力的选择

通过"自组织型课例研修"，我发现如何通过一篇课文来"教课程"是一门很深的学问。这篇课文适合培养学生的哪种学习能力？除了认字、识词等基本知识点外，教师又该如何训练学生在其他方面的语文能力呢？课堂上，又该以何种学习方法为主来指导学生的语文实践呢？这些都是教师上课前应当深入思考并充分准备的。

最初，针对这堂课，我设计了四种语文能力的培养，经过反复研讨和斟酌，最终只留下了一种学习方法，即抓住关键词句，揣摩人物特点，做好批注。课上的教学就是为了让学生通过"学习方法—运用方法—交流批注—修改批注"这四步来落实方法的习得，从而培养学生的语文学习能力。

（2）课堂提问的改变

通过三次磨课、上课的不断实践，我的课堂提问从最初的串讲串问，逐步做到了有效地提问，并且提问更有针对性了。

观课报告显示，在第三次教学设计的课堂执教过程中，我一共提了21个问题，其中属于思考性的问题有16个，属于启发、想象性的问题有3个，这两项占了所有问题的90.5%。属于机智性的问题有2个，与学生学习无关的课堂提问没有。而在前两次的课堂提问中，属于判断性和没有思考价值的问题就占了13.3%。

在中国的课堂上，"教师问，学生答"还是一种最基本的教学组织方式，因此，提问的有效性对课堂教学效益的落实意义重大。正是通过专业的观课，通过数据说话，才让我知道了自己提问中的不足，也才让我找到了教学改进的方向。而第三次的数据不仅让我知道了自己前后的变化，而且让我直观地看到了自己的进步，增强了对专业发展的自信心。

（3）教师评价语的改变

初次试讲时，我对学生的评价语被组内研讨的教师评价为：单一，没有针对性，太笼统，没能给予学生正确的引导。教师们给出的评价有理有据，虽然一开始让我在感情上有点难受，但让我看到了改进的方向。

在后面的教学中，我特别注意怎么评价学生的问题。我在课前搜集了许多课堂评价的语言，并且在备课时，对学生可能出现的回答进行了充分的预设，同时也预设好针对不同回答的不同评价语言。

充分的预设和准备，让我在课堂中能更好地根据学生出现的状态进行反馈。后续对我课堂评价语的专项调查显示，我的评价比以前有了明显进步，在给予学生结果性评价的同时，更注意给予学生导向性的评价。

（4）学生课堂参与度的变化

好的课堂不是教师的独角戏，而应该是教师和学生的合唱。在经历教学目标、教学环节的变动以及教学评语的优化之后，学生在课堂上的参与度也有了明显的提高。这不仅仅是我自己和听课教师的直观感受，观课数据也给了我们实实在在的证据。

观课统计显示，在第三次执教时，全班 40 名学生中有 33 名学生主动参与了课堂，回答了问题，占全体学生的 82.5%。不过，从学生回答问题的次数来看，大部分学生只回答了一次或者两次，只有三个学生回答了四次。

（5）研究能力的变化

自参加"自组织型课例研修"以来，许多以前从未考虑过的问题一个个如雨后春笋般冒了出来。这篇课文要培养学生的哪种语文能力？这一课的课时目标是什么？课时目标怎样体现并支持课程目标的实现？教学设计如何体现和课时目标的一致性？课堂上怎样提问才能引发学生的思考和深度参与？面对学生的回答要怎样进行评价和反馈？……

一个个冒出来的问题，让我从原来的"很会教"变得"不太会教"，但最终又让我变得"更加自信地教"！

就是这样，在"自组织型课例研修"中，多轮的打磨、多层面的研讨与改进，让我的课堂面貌有了较大的改观，更让我的教学水平和整体专业素养得到了迅速提升。

"不是花中偏爱菊，此花开尽更无花。""自组织型课例研修"将教师研究从一种"行为和口头文化"转变为一种"反思和笔墨文化"，将教师的教育经验升华为教育智慧和综合素养，教师的专业成长即在于此。

从制度的引领到非制度的自觉探索，从组织的驱动到自组织的内在发展，潍坊教育改革与发展的机制和路径形成了新的常态。

教育，为了自由地呼吸

姜言邦与学生们一起畅谈

薛炳群跟名师们在一起。左起：韩兴娥、赵红、薛炳群、毕英春

潘永庆先生（右）和山东省教育厅张志勇副厅长（左）在一起

　　可以这样说，在全国各地，学生课业负担重、课外补课成风、教师职业倦怠、"教育家办学"难以落地等，都是令人困扰的教育难题。

　　然而，在潍坊，国家教育咨询委员会的调查却发现，这一系列难题在很大程度上已经被一一破解！

　　在潍坊，广大中小学生普遍阳光自信、生动活泼、主动发展；广大教师普遍热情主动，在研究教育教学、开发校本课程、创新育人模式上千帆竞渡、不甘人后；广大校长普遍专业水平高，能专注地按教育规律办学。

　　谈潍坊教育课改的成功，不能不谈"轻负担、高质量"的成果，不能不谈一系列锐意改革的举措，更不能不谈潍坊人赤诚的教育情怀。

　　为了自由呼吸的教育，潍坊教育人始终行走在路上！

1 | 教育高地上的守望者

　　每一生命个体都不可抗拒地烙上他们的生存环境和时代的印记，对潍坊的教育人而言，一系列的锐意改革既是他们给时代烙上的教育印记，又变成他们前行的基础和背景。作为教育生态基础的一系列改革举措、教育制度、文化氛围，又会在潍坊教育人身上烙下印记。

　　而深厚的教育情怀是改革的动力之源，是推动潍坊教育人不断前行的力量。这份情怀，让潍坊教育人在艰难和曲折的跋涉中不言放弃、主动创新，让潍坊教育人在赞誉声中能冷静地审视自身、不断超越。这份深厚的教育情怀，最终为潍坊的教育插上了腾飞的翅膀！

　　我们看到的、感受到的，不仅仅是潍坊教育的春天，还有那春天里的播种、耕耘，以及那些辛勤的人们！

　　"全国教育看山东，山东教育看潍坊。"潍坊的课程改革之所以取得了巨大的成功，是因为在新课改之际出现了三个关键人物：前任教育局局长李希贵、张国华和现任教育局局长徐友礼。用潍坊教育人的话来说："这是三位业务出身的局长。"三位局长的教

育情怀、学术追求、改革信念铸就了潍坊教育的脊梁。

　　李希贵和张国华，两位专家型教育局长，都拥有触碰敏感问题的巨大勇气，都有为孩子一生幸福奠基的强烈责任心和崇高使命感。正是这样的价值追求，让他们能够大胆突破，推陈出新地进行了一系列领先并影响全国的教育制度变革。

　　在 2004 年，时任潍坊市教育局局长李希贵与时任市委书记张传林探讨教育改革时，提出了取消校长行政级别进行职级管理的设想。在他看来，一个校长的价值无需用官阶来衡量，优秀校长的主流价值具有放大的无限性，体现的是一个时代的终极价值，承载着一代人的强国梦。今天来看，这也为他在 49 岁的时候毅然辞去了教育部基础教育质量监测中心主任的职务到北京十一学校任职埋下了伏笔。

　　话虽说出了口，但李希贵并没抱太大的希望，因为这意味着组织部门放弃上千名干部的选拔权力，能行吗？在有的地方，教育局局长提出这样的问题，很可能被视为"大逆不道"——对下是取消了校

长们的行政级别，对上是"夺取"了组织部门的权力。然而，真正的教育不是靠官职去做的。

没想到当时的市委书记张传林不以为忤，反问了一句：为什么不行？很多地方的教育局局长连想都不敢想的事情，在潍坊，书记、市长、组织部长"三驾马车"一碰头，敲定了。2004年9月，校长职级制改革方案在市委常委会获得一致通过。潍坊教改的车轮从此滚滚向前。

张国华将创新性的制度设计归纳为三个方面：教育服务体系、教育保障体系、教育优先发展的长效体系。如果说这三个体系是潍坊市教育改革与创新的顶层设计，那么，课程与教学则成为一切设计的根本指向。

你听说过请人"骂"自己的事情吗？这种"怪事"就发生在潍坊市教育局原局长张国华身上。

俗话说：当局者迷，旁观者清。为了能及时发现工作中的问题，张国华局长多次邀请专家、学者、媒体工作者"骂"自己，而且诚恳地要求他们放开了"骂"。最让人敬佩的是，"骂"完之后张局长对他们依然待若上宾。正因为如此，不管是在他分管职业教育的时候，还是分管基础教育的时候，每一项工作都干得风生水起，这也是潍坊基础教育课程改革能走到全国前列的重要因素。

尽管有许多事情不能假设，但是潍坊的教育工作者们常常不由自主地假设一件事情：如果不是李希贵、张国华先后担任教育局局长，如果不是现任教育局局长徐友礼在传承的基础上，进一步巩固和深化改革，潍坊的教育改革恐怕不会走得那么远，恐怕不会在全国都产生那么大的影响。

在李希贵、张国华任职期间，整个潍坊市中小学有个不成文的规定：不是从教育一线摸爬滚打出身的人，不能当学校一把手！校长必须由懂教育、敢担当的人担任。

2015年1月5日，山东省出台的《关于推进基础教育综合改革的意见》明确提出，将试点取消中小学学校校长行政级别，实行校长职级制管理等7个方面的改革。由潍坊率先落实的校长职级制改革，在影响力辐射全国的同时，更是极大地推动了整个山东省的学校"去行政化"改革！对此，潍坊市教育局局长徐友礼说："校长是学校教育教学管理的核心，实行专家办学是教育综合改革的根本。取消中小学校长行政级别等举措完善了校长专业化体制，不仅对于校长和学校管理队伍建设有重要意义，也会对教育家型校长的涌现和学校整体教育水平的提高产生深远影响。"

正是基于对国家和民族命运的高度关切，基于对教育改革规律的深刻理解，才有了先后三任教育局局长对理想教育的思考和追求。李希贵、张国华、徐友礼三位教育局局长前赴后继，引领着潍坊教育工作者义无反顾地走向了课程改革的道路。从前由潍坊率先落实的校长职级制改革，在影响力辐射全国的同时，更是极大地推动了整个山东省的学校"去行政化"改革！

面几章的内容可以清晰地看到，潍坊的所有制度变革都是围绕着人的解放和人的发展，每一项制度都闪烁着以人为本的价值光辉。

所谓上行下效，市级领导如此重视教育，县区领导很快也就紧跟着行动。近几年，坊子区的教育改革异军突起，教育发展突飞猛进，究其原因，也是因为一把手抓教育改革。教育改革涉及人事、分配、管理、投入等多个部门，哪一步离开了一把手都会玩不转。一把手没有勇气改不了，一把手光有勇气没有智慧就改不好。

很快，潍城区、高新区、临朐县、昌乐县的一把手纷纷加入到教育改革的同盟军。在潍坊这块教育热土上，从市到区，从教育主管部门到学校，从校长到教师，教育改革已经从当初的被动行为演变成主动要求，深化素质教育改革，打造教育高地，在潍坊已成燎原之势！

制度变革的核心是解放人。

在教育改革的道路上，潍坊走在了全国的前列，已经进入了一个比较高的境界，在长期的探索和实践中积累了许多富有启发意义的宝贵经验。用教育部基础教育二司司长郑富芝的话来说，叫作"山东经验，潍坊模式"。那么，这个模式的核心问题是什么呢？回顾改革的历程不难发现，其中的核心问题是制度改革、制度创新。改革的目标非常明确，那就是解放人。

众所周知，中国基础教育面临着许多问题：学校被权力制约，缺少办学自主权；教师被制度制约，缺少自我发展的空间；学生被课堂制约，缺少创新精神和实践能力。诸多问题阻碍了学校、教师和学生的发展，也让很多课程理念停留在云端而不能落地。

就区域层面的教育改革而言，只有在理念与实践之间架构起发生联系的桥梁，即制度重建，相关举措才能真正得以实施。换言之，没有制度化保障的教育改革可能真的是无用的，没有制度化引导的教育改革实践很可能导致形式主义。从教育改革的策略上说，教育理论的制度化转换以及教育实践举措的制度化保障是教育改革理念落地的必要通道。教育改革的一系列举措只有在制度化、层次化以后，才能在实践过程中获得合法性、稳定性和可操作性。因此，制度不变革，教育改革就无法实施。

潍坊的三任教育局局长都清醒地看到了这一点，所以，他们的课程改革抓住了制度创新，让多种教育元素得到了解放。纵观潍坊课改，中考改革、专家办学、社会参与、督导保障、课堂转型等，每一项改革都凝结着三位局长的智慧。

潍坊的课改经验深刻表明：区域教育改革的成功需要关键人物的领导，这里的关键人物不仅仅是指教育局局长，还包括校长、市长，乃至市委书记。

有志者，事竟成；苦心人，天不负。我们有理由相信，潍坊的教育改革者们一定会创造出更多的奇迹。

2 | 躬身于教育园地的领路人

思想者不分地域，不分阶层。在民间，在底层，并不乏思想的守夜人，不乏教育的理想主义者。他们可能是普通的教育工作者，但他们始终在执着地追求好的教育、理想的教育，从而使他们的探索具有超于现实的精神价值。

■ 幸福在校园里流淌

潍城区健康街小学张进兰校长是一个热情的人，在潍坊众多的校长中，她可能显得有点普通，但是，凡是跟她接触过的人，都会被她对教育事业的执着所感染。在她的言谈中，时时流露出对自己所带队伍的赞赏，对孩子们的喜爱。在她的眼中，每一个老师和学生都有自己的闪光点，都是那么可爱！在她身上，你看不到抱怨，看到的是一个洋溢着幸福感的人。而她身边的人，也因为被欣赏，而学会了用欣赏的眼光看待身边的人，用欣赏的眼光看待学生。原来欣赏是可

张进兰校长

以传递的，幸福也是可以传递的！

早在 1997 年的时候，针对课程中教材陈旧、内容重复等现象，她就提出了"删选合并教材内容，合理搭配课时"的实验计划。该计划很快得到了各级领导的关注和支持，当时的中央教育科学研究所课程教材研究中心主任白月桥先生曾这样评价："该校实验会给全国课程改革起到推波助澜的作用。"当时，张进兰才 29 岁。

幸福的人之所以幸福，是因为她能给别人带来幸福。2003 年，当她担任潍城区北门大街小学校长的时候，针对独生子女身上表现出的任性、自私、缺少责任心等问题，她又开始构思新环境下"家校共建的实施策略"。通过家长课程、家委会建立、课题研究、创办家庭教育报等途径，彻底改变了家长的育人观念、教育方法，从而使学生在和谐的家校环境中幸福成长。在她眼中，孩子的幸福才是教育者的幸福。

2009 年，伴随一纸调令，她来到了健康街小学，有了 6 年校长经历的她对理想的教育有了更加深刻的理解，那就是让每一个学生通过基础教育，为幸福人生打下基础。追求幸福是一个人的本能，每一个人都有追求幸福的权力，任何人都没有理由剥夺。于是，她把幸福教育当作一个项目来悉心经营。为了引领师生们走向幸福的道路，也积极改善师生们的工作和学习环境，营造浓厚的读书氛围。同时，她在学校层面开展了一系列能激发师生自主发展的活动，如在师生间举办"购书之星"、"读书之星"、"背诵之星"、"倡

导之星"、"写作之星"的评选活动；定期举行"幸福论坛"，让老师们寻找身边幸福的人、幸福的事，感受幸福，享受幸福。

每天，当师生们迈着轻盈的脚步走进校园时，张进兰校长总是微笑着注视他们，幸福写在她的脸上，写在她的微笑中……

■ 执着是一首美丽的歌

"我们这次来收获很大！回去后，我们还要组织所有的教师，分期、分批来学习和取经！"

"这里，就是我们想要的课堂。"

在校长室，一位来自山东烟台的校长满心感谢地向诸城市龙源学校刘花兰校长道别……

自 2010 年下半年以来，山东省内的几百所学校以及江西、江苏、河南、河北、辽宁、内蒙古、陕西、湖北、天津、安徽、山西、北京、广东、湖南、四川、浙江、贵州、黑龙江等地的考察团纷纷来龙源学校观摩学习。龙源学校每年要接待 4000 多人次。其中，内蒙古包头市青山区四位校长在龙源学校学习长达两个月的时间，而山东莱州市一年内就安排了 16 所学校的教师前来听课 25 次。莱州市教体局送给龙源学校的一面锦旗上写着：改革的先锋，教学的楷模。

龙源学校成功的秘密是什么呢？

老师们会说："我们有一个痴迷课堂的校长！"

刘花兰自述：我的"四万"习惯

我是个变来变去的人。我的工作地点在变，从农村到城里，又从城里到农村，再从农村到城里，不论在城里还是在农村，我的"四万"习惯一直没有变；我的工作在变，从高中到初中，又从初中到高中，再从高中到初中，不论是在高中还是在初中，我的"四万"习惯一直没有变；我的工作岗位也在变，我担任教导处副主任3年，教导处主任3年，政教处主任3年，副科级副校长2年，正科级副校长4年，现在当校长到第六个年头，不论是主任还是校长，我的"四万"习惯一直没有变。

我有四个习惯，并且每一个习惯都与"万"字有关，也便称之为"四万"习惯。我的"四万"习惯是：读万卷书，写万篇文，行万里路，交万个友。

（1）读万卷书

不论工作多么忙，我都坚持读书，每天的读书时间都超过一小时。节假日更是我集中读书的时间，2014年暑假一个假期读完了6本书。外出开会或者考察，我一定是带着书，坐在车上的时间、候机的时间、开会前的时间，我都会利用起来，见缝插针地读书。

我读了一些教育理论方面的书籍，包括美国著名教育家布卢姆、布鲁纳、杜威的书，苏联著名教育家苏霍姆林斯基、赞科夫、巴班斯基的书，捷克教育家夸美纽斯的书，英国教育家洛克的书，法国教育家卢梭的书，德国教育家赫尔巴特的书以及中国历代教育家和一线成功教师的书。

我读了一些管理方面的书籍，美国卡耐基《挑战人性的弱点》《务实人生》以及《读史悟商赢天下》《拿破仑·希尔成功学全书》《海尔精神》《小故事大道理全集》，冯世斌的《用人的格局》，赵玉平的《青梅煮酒论领导》等。

我还读了很多名人传记以及历史类、哲学类、文学类书籍，像《毛泽东选集》《孔子的故事》《走进大帅府　走进张学良》《阎锡山传》《谭嗣同传》《陈永贵传》《上下五千年》《二十五史》以及台湾林清玄的《漫步人生的花园》《飞跃蓝天的白云》，美国海伦·凯勒的《假如给我三天光明》等。

我在诸城市实验中学工作的四年时间里，每周四晚上的党委会议时间，我总是带着《毛泽东选集》，利用开会前的时间读上一段。有一次开会前，与我相邻而坐的另一个副校长说了一句很幽默的话："花校长（我的名字里有个花字），你知道现在什么人在读《毛泽东选集》吗？两种人，一种是有政治抱负的人，另一种是'白痴'。你肯定不是第一种。"

不管怎样，我在读书，虽然，与万卷的距离还很遥远，或许一辈子也读不到，但是，只要有了这种习惯，就无需去计算读书的多少。

或许有人要问，难道非要读书吗？这个问题到今天为止我回答不了。读书到底有多少好处？这个问题我肯定也回答不全面。我只知道，书籍给了我太多太多，我还知道，我爱它，因为离了它，我的生活和工作一定会打折。

（2）写万篇文

2011年年底，诸城市教育局来学校进行一年一度的督导，其中一项是检查校长们的听课记录和学习笔记等，这便要整理一年的记录本。整理发现，2011年一年的时间，我用了听课记录本7个、工作笔记本7个、随笔本3个、读书笔记本3个、随手记1个，金点子案例积累到第107个，还出版了个人专著1本。

2009年冬天，我到祖国宝岛台湾考察的10天时间里，写下了16篇随笔。考察返回后，代表考察团完成了上交潍坊市的一份"台湾考察报告"。

2010年7月，到东北和俄罗斯考察的9天时间里，白天开会参观，闲暇时间读书，晚上在宾馆我一定会把一天的学习感悟写下来。9天的时间共写下了10篇随笔。

学校校园网ftp上，有我一个专门的文件夹，文件夹内有两项内容：第一项是随手记，每个周的周末，我都会把学校一周的主要工作以随手记的形式放在网上，以便于老师们在第一时间了解学校的工作。第二项是我的随笔，每周我至少有一篇随笔，到外地参加活动，回校第一时间便把随笔放在网上与老师们交流。

2010年，我撰写的一篇金点子案例《用文章管理学校》，荣获诸城市金点子案例评选一等奖。2011年撰写的金点子案例《校长成长的"四三二一"工作策略》也获得了诸城市的一等奖。

最近几年的时间，出版了《活力教学的50个细节》《激活》等专著9部。

我给我的第四本书《杏坛走笔》写了两个自序，其中一个的题目是"乐在其中"，谈的就是写作，文中开始是这样写的："工作之余很是喜欢读点书、写点东西。看到的、听到的、想到的都会把它写下来，写东西成了我人生的一大乐趣。""在校的时间总是'随手记'，所感所悟会自然地在第一时间写下来，例如，听到了一节好课、看到了一件好事、转完教学楼、查完餐厅公寓等，实在没时间，便先写下几个关键字，晚上再集中写下来。出门在外，忘不了带着本子、带着笔，会前的时间写点，坐车前的时间写点，早上醒来写点，睡前写点。把想写的写下来后，总是感到莫大的快乐。"序中我还谈了写作的三大好处："写作的过程是学习的过程；写作的过程是总结、反思的过程；写作的过程是提升自我的过程。"

（3）走万里路

2011年3月25日，我在烟台市初中校长培训班上介绍了我校的课堂教学改革，我用的题目就是"不追风，不急进，立足实际，稳步推进"，从这个题目可以看出，我是非常反对盲目模仿的。反对盲目模仿，并不是倡导闭门造车，相反，我坚持的态度是"走出去"，校长要走出去，教师要走出去，学生也要走出去。

因为诸城市教育局有规定，校长外出要经批准，所以，对于上级安排的外出学习机会，我便百倍地珍惜，不仅没有错过任何一次，而且还寻找机会往外走。

只要走出去，任何活动都会有收获。例如，外出听报告，这项看起来很单调的活动，每次却都让我受益匪浅。每次听报告，我总是带着笔记本，同时捎上随笔本，引起共鸣的时候，我会写下一篇随笔；观点不同时，我也会写下一篇随笔；感觉是个成功经验的时候，我更会写下随笔。听完报告回来，我做的第一件事就是细读笔记本，写下比报告笔记内容还要多的体会。

留心处处皆学问。走的地方多，留心处便多，拥有的学问还会少吗？

（4）交万个友

任何人的成功都是别人托起来的，这是我对成功的认识。再有本事，关进深山也会一无所知。

因为我们学校的课堂改革有了一些成效，2011年来学校参观和听课的同人便多了起来，2012年又有一些学校邀请我们学校的老师去讲课或者指导课堂教学，对于这一些的"进"和"出"，我们提出"来的都是客"、"相识就是朋友"。

2011年秋天，内蒙古四位校长在我校学习长达两个月的时间。这两个月里，我们一起听课，一起读书，研究管理，探讨改革。周末的时间，我便陪着他们看大海、品小吃，我们就是一家人，诸城龙源学校就是他们的家。

他们离开我校后，我们至今还保持着联系，我的电子邮件里时常会出现他们的文章，我外出考察，也会把考察的体会发给他们，通过邮件交流工作，共享资源。

刘花兰校长一直很喜欢听课，走向校长岗位后，更喜欢听课。她自己说："不听课就像没干活似的。"她每年听课都超过300节，并且是关机听课，只要手机打不通，她一定是在听课。

她曾经在教育局会议结束后的有限时间里，马不停蹄地赶回学校，为的是赶上听老师的一节课！她也曾为了参加学校老师的教学大比武，而推迟自己外出学习的出发时间。有时为了赶上听课的时间，她会把午饭打包，在车上匆匆吃完。这就是让人敬重的"花校长"！

当有人问她，校长天天在听课，会不会影响其他工作时，她淡定而又从容地回答："我不忙，副校长和主任们忙，有什么事情都找他们，不用找我。"

其实，她工作的脚步日复一日、年复一年，几乎不停歇，或筹划，或思考，或书写。为了记下老师讲过的一节课，她会5:46就起床，记录下她的思考和课堂的点点滴滴。仅2011年，刘花兰校长就用掉听课记录本7个、工作笔记本7个、随笔本3个……把这些用完的笔记本叠起来，就是高高的一摞！几年来，她外出作报告多次，出版了《活力教学的50个细节》《激活》等专著9部。

不知疲倦的刘校长就这样行走在校园中，行走在课堂上，行走在教师身边，行走在儿童中间，也行走在自己书写的字里行间。

这就是被许多人称为"草根教育家"的刘花兰校长。

■ 放飞理想的牧场

昌乐二中的知名度已经冲出了昌乐，冲

刘花兰校长

出了潍坊，甚至冲出了齐鲁大地。每到招生季节，来自全国各地的莘莘学子，纷纷赶来，汇集成一道独特的风景。望子成龙的家长，把孩子明澈的目光引向昌乐二中。昌乐二中仿佛就是放飞理想的牧场，成就梦想的殿堂。

是什么造就了昌乐二中如此巨大的魅力？他们的成功秘诀又是什么？在"271高效课堂"的背后，我们不得不关注一个人，他就是校长赵丰平。

赵丰平1997年担任昌乐二中的副校长，1999年任校长。短短几年，便生了许多华发，但他的激情和风采依然在他挥动的手势和磁性的声音里，化为绵延的爱，浸淫在他每日的工作和生活里。

多少年来，他每天晚上夜深才离开学校，而早晨五点多就来到学校。无论多忙，他每周都尽可能抽出点时间，在下午放学时，站在校门口目送学生回家——这已成为学校的一道亮丽风景。他说每当听见自己的学生向他问好，当四目相对的那一瞬间，自己心底就会自然地升腾起一种幸福感和责任感。他坦言，假如再让他重新做一次人生选择的话，他依然会选择当老师。

赵丰平的教育理想就是让每一个孩子的一生成为一个精彩的故事。

为此，赵校长带领全校着力打造"271高效课堂"，教师变教为启、变教为导；学生变学为思、变学为悟；教室变成了学室、讲堂变成了学堂……教与学的过程成了师生情感交融、价值共享、共同创造、共同提升生命价值、丰富精神世界的完整过程。如今，"271高效课堂"的影响力已经飞出齐鲁大地。

赵丰平校长

赵丰平校长率先在学校推行班级自治制度，班级行政管理、学习管理、学习研究"三驾马车"并驾齐驱，为班级民主管理、高效管理、和谐管理提供了依据；独创的学科高效学习研究小组、学科班长制度让学生将学习提高到自主探索、自主研究的高度；学生双休日自主发展，建设学生社团70余个，课外活动丰富多彩，为每一个学生搭建了理想飞翔的舞台。

……

昌乐二中的师资条件，即使在昌乐县都不算是最好的，然而老师们的干劲却是超乎外人想象的。为什么会有这样的反差？谈到这个问题，赵校长沉吟了许久，清澈的目光慢慢变得湿润。他用他特有的昌乐普通话说："我发自内心地感谢我的伙计们，通过他们，我学会了感恩。"

而事实上，老师们的干劲不正是可以从赵丰平校长湿润的双眸中找到答案吗？

大道正，则从者众！为了孩子们的未来，为了教师团队的专业成长，为了学校的可持续发展，赵丰平校长正在不停歇地努力着，思考着，行走着！在他的身后，是一支意志坚定、学高身正的教师铁军。

在潍坊，这样的人物和故事还有很多很多！

正是这些躬身于校园中的校长、教师，追寻着理想的教育，践行着对自己许下的承诺。是的，真正的教育者都是生命自觉的人，都是主动去追求理想教育的人，都是前行在逐梦路上的人。

3 | 痴情教研的追梦人

教研是推动教学进步的生产力，哪个地区的教研搞得好，哪个地区的教师水平就高，教学质量就好。教研机构和教研人员在学科建设中的作用可谓举足轻重。

说起潍坊的课改，不能不提到潍坊市教科院，因为这里聚集了一群品高德望、专业素养深厚的课改专家。自始至终，潍坊的课改都没有忽视人的发展这一因素，不管是课程的开发者、实践者，还是课程的管理者，在大课程观的指导下，他们想到了一处：为孩子的发展建构更好的课程，创造更好的教育。共同的理想和追求让这群教育精英聚集在了一起，成为潍坊教育改革的急先锋。

在潍坊，有一大批充满教育情怀、痴心课改的领头雁。正是像潘永庆、薛炳群、姜言邦这样的领头雁，将潍坊的整体教育水准提升到了一个更高的水平。

在他们孜孜不倦的努力下，经过十多年发展的潍坊教育已经形成了一个独特的气场，它的吸引力正在变得越来越强。中国教育学会原会长顾明远先生来了，国际课程研究促进协会主席、杭州师范大学教授张华来了，著名教育媒体人、《当代教育家》总编辑李振村先生来了，著名家庭教育专家金炎女士直接把家从北京搬到了潍坊……一位位教育界的知名人士的到来为潍坊教育不断输入着正能量。

与此同时，国家教育部原副部长王湛先生、教育部基础教育课程教材发展中心田慧生主任、中国教育学会朱永新副会长、国家教育咨询委员会委员杨东平教授等也纷纷为潍坊教育点赞。

长风破浪会有时，直挂云帆济沧海！潍坊教育的巨轮，又将起锚，驶向太阳东升的远方！

潘永庆

　　课改忠实的践行者和坚定的思想者，一位在教育学术领域鼎鼎大名的人物，对目标教学、创新教育及教育评价等领域的研究颇有造诣和建树，被潍坊教育人尊敬地称为"潘老"。

　　作为曾经的潍坊市教科院副院长，潘永庆是潍坊实施一系列教育改革的见证者，也是潍坊市课程改革、中考改革、校长职级制改革、教育督导改革的直接参与者……每一项重大改革都留下了他睿智的构想、不倦的身影。可以毫不夸张地说，这位在教研岗位上干了30年的老兵为潍坊教育立下了汗马功劳。

　　身为领导和知名专家的他对教育事业始终保持着远大的理想、崇高的使命感和旺盛的激情。他不仅仅是一位思考者、设计者，更是一位改革的拓荒者。在20世纪80年代，他把目标教学引进潍坊，之后十几年，一直致力于目标教学的研究和改革实验。他的研究成果《谈抽象具体与数学教学》《谈现代数学教学设计的要求》等四篇文章发表后被人民大学复印资料中心转载到《中学数学》上。20世纪90年代，他潜心于创新教育实验与研究，特别是在发展性教育评价方面取得了丰硕的研究成果。进入21世纪，他又倾心于新课程改革，提出了"课程是学校教育的直接产品"这一观点。三个节点构成了一条清晰的课改脉络。

　　探索者的脚步是不会停止的，越是深入下去就会不断有新发现。30多年来，潘永庆的脚步几乎走遍了潍坊大地的每一个角落。他常常不顾身心劳顿，到基层学校听汇报，作指导，发现和培养了一批专家型校长。

　　潍坊五中、潍坊十中、昌邑市奎聚街办中心小学……这些曾经名不见经传的中小学校在他的帮助下迅猛崛起并逐渐成长壮大起来，影响力走出了潍坊，走向了全国。而这些学校的发展都凝聚着他的心血和汗水，是他，让一般的学校变得不一般，让平凡的学校变得不平凡。

薛炳群

　　潍坊市教科院小学语文教研员、课程中心主任。在潍坊市教科院这个群英荟萃的地方，他是人人认识的一位风风火火、似乎永远也不知疲倦的人物。

熟悉薛炳群的人对他都有一个共同的印象，他总是那样匆忙，办公室里很难见到他的身影。他在忙些什么呢？答案很简单，他在听课。他坚持认为，课改的出发点和落脚点都在课堂上，没有高效的课堂，所有的改革都是一句空话。作为市级的小学语文教研员，他把大部分的工作时间都放在了课堂研究上，由此我们可以寻找到潍坊小学语文名师特别多的原因。

2003年，薛炳群到潍城区青年路小学听课。当他按照预定计划听完两个老师的课并作完点评后，学校校长滕欣云用征求的口吻说："薛科长，我们这里有一位老师上课很怪，你是不是听听她的课？"他先是一愣，继而果断地说："那就听一听。"

课堂上，一位显得有些紧张的女老师话语并不多，在陌生人面前显得有些羞涩。有时候，她甚至因为紧张而找不到合适的语言来表达自己的思想，但是，这位老师却一直表现出自己最真实的一面，毫不做作。因为老师的不善言谈，课堂变成了孩子们的舞台，学生们常常妙语连珠，滔滔不绝。这让薛炳群老师眼前一亮，这不正是新课程标准中所倡导的课堂吗？他鼓励这位老师坚持自己的教学方法，并对教学资源的开发和利用提出了一些要求。课后，他兴奋地跟滕欣云校长说："这是一个很有前途的老师，麻烦您跟她说一下，我会经常来听她的课。"

这位上课很特别的老师叫韩兴娥，当时默默无闻。当年听完课之后，薛老师已经在构思着韩兴娥老师的成长路径。很快，他把当时的教育局局长李希贵请来了，把人民教育出版社编审、教育部课程教材研究所研究员崔峦老师请来了……很快，"海量阅读"成了大家纷纷效仿的教学方法，韩兴娥的名字响彻大江南北，屡屡见诸报端。

任何事物看似偶然，其背后总是隐藏着必然。如果没有滕欣云校长的大度和宽容，如果没有薛炳群老师的独具慧眼，如果没有李希贵局长、崔峦老师的指导和肯定，韩兴娥可能一直会默默无闻。当然，如果没有韩兴娥自己对语文教学长期的思考和大胆的改革，也不可能有她今天的成功。

在潍坊的课程改革中，最成功、最有说服力的一门学科就是小学语文。语文"主题学习"实验的成果轰动全国，一批批小学语文教师在实验中由"丑小鸭"变成了"白天鹅"，语文教改实验呈现出百花齐放的局面："三维高效识字"、"海量阅读"、"自主过关"、"1+x单元阅读"、"生活化作文"、"'自主互动、赏评结合'作文教学法"、"复调语文教学"……一个个富有个性化的高效教学法相继而至。

有人做过统计，在潍坊的名师团队中，小学语文教师达到30多人。除了前面多次提到的韩兴娥老师，还可以随口叫出很多，如颜诺、董梅、毕迎春、赵红、孙云霄等，这些名字在小学语文界个个都响当当。最近几年，小语的天空群星璀璨，潍坊小学语文教师出版个人专著的数量逐年递增，在各县市区学校提拔的业务领导乃至校长中，小学语文教师出身的占了半壁江山，这不能不说跟薛炳群老师有关。

"把学生当成学习的主人"、"把学习的权力还给学生"、"任何教学改革都是对优秀教师、专家型教师的呼唤"，这些富有启发性和前瞻性的论点都成为教师的一种意识，都是薛炳群出口成章的结果。或许正是因为薛炳群的教育情怀和专业素养，才让他发现了一个个身边的"雷夫"吧！这是潍坊小学语文教师之幸，更是潍坊孩子们之幸。

姜言邦

昌邑市奎聚街道教管办教研室主任。不过，他最被人们熟悉的身份却是奎聚小学数学教师，全国第一批小学正高级教师。姜言邦中等个子，头发梳得一丝不乱，鼻梁上架着一副黑框眼镜，身上透着一股书卷气……由远及近，他与人们印象中的教授形象颇相吻合。让人困惑的是一个小学教师怎么会评上"正高"这一职称呢？

下面的故事也许能说明一切。

看起来文质彬彬的姜言邦，其实工作中是个典型的"拼命三郎"。他曾经有过3次'瞎眼'的经历。第一次，是在昌邑第一实验小学的时候。有一天，他正给学生上课，突然双眼像被蒙了层雾，渐渐地就看不见了。医生的诊断是球后视神经炎，离视网膜脱落很近了。第二次，是在昌邑市教研室的时候。当时他正在乡镇学校上示范课，上午10点多钟，双眼又被雾蒙住了。第三次，是在昌邑市外国语学校小学部的时候。当时是在听课，忽然又出现了雾蒙双眼的情况。

最难能可贵的是，当他担任教研员、教研室副主任时，也从未离开教学一线，并且长期担任班主任。他不仅自己在成长，而且还关注着老师们的成长。被誉为"神奇老师"的饮马镇杨屯小学的全国优秀教师于美霞，就是姜言邦手把手带出来的"嫡传弟子"。

2003年新课程改革开始以后，农村的课堂教学改革成了重点和难点，因为农村师生数量多、摊子大、师资水平低。尽管广大农村教师进行新课程改革的愿望非常强烈，可是一些名师的做法农村教师学不来。在这种情况下，作为教研员，他急需找到和培养几个农村教师典型，以此来引领农村教学改革的发展。

2004年的秋天，当听说饮马镇杨屯小学于美霞所教班级的学生数学成绩很好时，他当即前往调研。听完她的课以后，姜言邦确信，这正是自己要找的典型。

于美霞老师的普通话、粉笔字等传统意义上的教师基本功都不好，学生也都是普通的农家子弟。这样普通的一位教师教着这样普通的一群孩子，却创造了在一年里学完4册教材，学生期中、期末考试优秀率100%的奇迹！于美霞的成绩来自何处呢？在常人眼中，于美霞的教学水平似乎不是很高，但是她能把学习的主动权还给孩子，课堂上看到的都是学生在学习。在她的课堂上，学生是快乐的、放松的，每一个孩子都有浓厚的兴趣，在这样的课堂里，孩子们的学习成绩怎么会不好呢？

姜言邦非常兴奋，反反复复地帮助于美霞打磨、提升，提炼出"小学数学小组互助教学法"这一教学模型并进行推广。在姜言邦的推动下，从小学推广到初中，再推广到高中；从教师推广到校长，从小范围到大范围；从昌邑推广到潍坊，再到全省乃至全国，"小学数学小组互助教学法"很快对整个农村的教学改革产生了轰动效应。于美霞的互助式数学教学改革征服了学生、教师和家长。于美霞的成功打开了农村教师教学改革的心结，给农村教师燃起了推进新课程改革的希望。

这就是姜言邦——一个基层教师、基层教研员的故事。他严正而又宽容，深邃而又单纯，执着而又潇洒，真诚而又练达；他勤勉又从容，刚毅又柔情，豪放又儒雅；在成人之美的过程中，他不断超越自己，追求着人生更高的生命境界。

不重复别人，也
不重复自己

时任潍坊市教育局局长李希贵（右）和副局长张国华（左）在潍坊十中课堂上

崔秀梅在创新教育实验区启动大会上作报告

张华教授等一批专家为潍坊市的课程整合倾注大量心血

课程改革是复杂的系统工程，不可能一蹴而就。

这意味着，在具体落实的层面，课程改革需要协调各方面的关系，整合各方面的资源，才能将课程改革逐步深化。

在这个整体深化的过程中，必然会出现新的问题、新的挑战！真正的改革必须对新的形式作出及时、准确的判断和回应，这样才能让改革的有机体健康、茁壮地生长。

从这个意义上说，改革绝不是将措施以行政命令的方式颁布下去就行了，改革也不仅仅是建立一些新的制度、形成一些新的规范，改革还意味着在改革过程中，对改革各主体利益的及时回应。

改革本是一个动态的过程，是一个不断打破常规、超越过去的过程！

"不重复别人，也不重复自己"，潍坊教育人在超越自己的过程中，让改革保持着旺盛的生命活力。

1 | 今年，只督政不督学

超越自我在潍坊已成为一种常态。

长期以来，潍坊市的教育督导已经成为一个品牌，督学督政相结合，引发了一场教育内涵发展的深刻变革。

然而，身在高处的他们却在主动搜索那份寒意，并以此做出了对于自我的否定之否定：

2012 年年底，当潍坊市的老师们听到"今年督导只督政不督学"的消息传来之后，大家纷纷口耳相传，连声叫好。一时间，这个话题成了潍坊教育界的热点话题。

这是怎么回事呢？

教育督导分为督政和督学两部分。督政是针对政府行为的，督学则是针对学校的办学行为。对广大教师而言，督政没有大问题，问题出在督学身上。

在督学项目中，有一项要求：老师每周必须和学生谈话两次，而且必须在专用记录本上记录和学生的谈话内容及思考。本来，老师跟学生谈话是工作的一部分，要求谈话两次也不过分，可是必须记录的确牵强，不合常理。因为很多时候，老师和学生的谈话是随时随地进行的，有时是在操场上，有时是在下班路上，要想把每次谈话的内容都记下来，有这个必要吗？对此，老师们很难接受，特别是在年末督导时，更是怨声载道。

可市里的督学大纲就是这么要求的，作为基层教育局和学校不敢越雷池一步，因此，只能在校内制定严格的相关规定。

记录师生谈话还仅仅是众多督导中的一项。对教师而言，很多事情他们都在做，但要形成文本化的材料却是一件麻烦的事。由此导致的结果是老师们被逼着造假材料应付督查。有一所学校，仅一个德育处，一年之中"造"的材料就装满了整整 151 个档案盒！为了补材料、造材料，老师们排队打印，搞得连备课的时间都没了，有位女老师竟然因为要补的材料较多而累晕在地。

问题暴露出来了。改不改？此时市里关于教育督导的文件已经布置下去了，覆水难收。有人猜测，要改也只能等到来年了。

解铃还须系铃人。关键时刻，市教育局果断刹车：今年只督政不督学。

这等于市教育局自己给自己打了一记响亮的耳光。本来督导制度是潍坊教育改革的得意之作，特别是选择全市"两会"期间，在媒体上把各县区落实各项教育政策的情况公之于众，在全国更是无出其右。但在时任教育局局长张国华看来，即使是自己的得意之作，出了问题就要改正，一天也不能等！在老师们面前，在孩子们面前，教育局的面子算什么？局长的面子算什么？

于是就出现了前文所述的那一幕。

那么规范办学、教学质量如何保证？在潍坊整体的教育生态系统中，学校内部过程性的教学评价、学校外部第三方中介的评价、教育行政部门奖励教育教学创新的举措……这些都形成了一股合力，形成了无形的督学！而这，也正是潍坊市教育局敢果断地进行自我否定的底气之所在。

改革永无止境，即使是曾经引以为豪的改革举措，当问题暴露出来之后就必须改正，这就是潍坊教育的制度观、价值观和发展观。这体现的是多么宽广的胸怀啊！

2 | 给系列评选降降温

跟取消督学一样，潍坊在改革推进中又叫停了曾经引以为豪的一系列评选：教学能手、优质课、教学示范校、教学成果奖等。这些曾经在课程改革中发挥重要激励和引导作用的评选为什么被突然叫停乃至取消了呢？

还得从发生在基层的一件小事说起。

在一次优质课评选中出现了一件奇怪的事情，一位大家公认的优秀教师竟然仅仅得了个三等奖。结果出来后，很多人对评选提出了质疑，那位上课的老师更是心存不解。这件事情看似一件小事，却引起了市教育局领导的高度重视。

本来设置优质课评选是为了引领教师关注课堂、研究课堂，为教师的专业成长提供一个台阶，为更多的教师提供一个榜样和目标。但是，当它的作用不能正常发挥的时候，会不会是这个制度出了问题呢？潍坊市教育局及相关部门对可能出现的问题保持着高度的敏感性。

于是，这件小事情引发了各方对大制度的思考。

其一，评价只有指标没有目标的问题。或许在教师评选项目中，评价目标是极其明确的，比如，评选教学能手、评选特级教师、评选教学名师等，然而，这能称其为目标吗？评价的目标应定位在对评价的行为和结果的期待上：以验收为目标的评价、以选拔为目标的评价、以发现为目标的评价、以督促为目标的评价、以发展为目标的评价、以筛选为目标的评价等虽有重复交叉，但因目标不同，其实施的出发点也是不同的，评价标准显然应该随之发生变化。如同上述评价标准，本是以教学能手的发现与选拔为目标的，理应关注所选拔教师在教学方面的研究成果和发展潜能，但因为失去了现场感以及对教师的整体性、综合性判断，而过多从细化的指标角度去评价，显然就偏离了该目标的初衷。

其二，评价只有策略没有理论的问题。经过仔细对比分析，人们发现，有的区县关于骨干教师、教学能手、特级教师以及优秀教师、师德标兵、先进个人等的评价方案是大同小异的。难道教学能手和师德标兵也可以用类似的一个标准来评出？在形成评价方案的过程中，是否真的以某一评价理论为基础？是否真正做到对现实的工作有指导性和引领性？随着课程改革的推进，课堂教学已经整体转型，对教师的工作、学校的管理，都提出了新的要求，而这一些改变在教学能手、师德标兵等的评选中，在教师职业道德规范等的制定中，有没有得到很好的体现呢？答案不让人乐观！失去了理论根基和实践观照的评价就变成了无源之水、无本之木，难以促进被评价者的发展。看来，只有一个"发展性"作为评价的噱头是远远不够的，评价呼唤专业化的标准和专业化的评价者。

其三，评价只有权重没有价值的问题。评什么就要把什么评出来，这是很简单的道理，问题是仅仅如此就够了吗？许多时候，由于评价者认识上的偏差，在关注评价指标、标准的权重时，却没有能够从内涵上有所侧重，这体现为价值指向上的根基不牢、摇摆不定。比如，在一次名师评选中，本应是侧重于专业素质评价的，然而一位教授说："我们首先要看小学教师中是否有优秀少先队辅导员的称号，中学教师中是否有优秀团干部或优秀班主任的称号。"这位教授给出的解释似乎很有道理，即教育要懂得先育人、后教学，所以先关注教师在德育方面的成就。问题是，学科教学和德育工作是分开的吗？学科的价值功能难道不是知识、能力、道德三位一体的吗？如果评价者带有如此的侧重性，则任何内容的评价都是德育为先，也就是德智分开、德体分开、体劳分开、德美分开吗？显然，对教育内在价值把握的问题直接影响着评价者的思维方向。

其四，评价只有技术而没有人的问题。人是有个体差异的，而在追求所谓的公平、公正、完美的评价中，却往往只关注了指标、标准、过程、方式的公平、公正与完美，而在被评价者的信息采集、变量控制、结果汇总、模型选择、呈现形式等方面，把"人"丢失了。或许这是一个悖论，表面看起来公正的评价，其内涵却是"目中无人"的。究其原因，是因为评价方案的制订与实施无意中走向了"因评定评"，追求了评价公正的最大化，却不是"人"的公正的最大化。显然，评价应当回到人，回到人在某一评价项目中应具有哪些外显与内隐的条件，然后在关注这一系列条件的过程中抽取评价因子，达至"因人定评"的内涵上来。

原来，许多评价在基层层面已经发生了变化，产生了一些意料之外的问题，正因此，才需要叫停评选，让评价回归正道！而这，正是潍坊市政府真正简政放权的体现！而这，正是实事求是的体现！

评选少了，并不意味着给予学校、教师发展的平台少了，相反，一系列新的方案带来了新意，形成了新常态。

于是，有了潍坊市新的教学能手评选方案，新的特级教师评选方案，新的金点子案例评选方案……

否定自己是需要勇气的。这种勇气来源于对人性脆弱一面的抵制，来源于无私无畏的心境。否定自己，不是为了显示一种高姿态，而是真正关注现实中实然的情况，分析问题，寻找思路，扎实突破！否定自己是为了超越，是为了更好地前行，是为了创造潍坊教育新的辉煌！

3 | 百尺竿头，更进一步

美国经济学家杰里米·里夫金在第三次工业革命的浪潮中重新发现并且定位教育机构为"世界上最落伍的机构"。是的，"至少在世俗社会，教育的作用是表达社会认为神圣不可侵犯的东西的文本"。——潍坊市的改革也正是在这样的文化性和现实性的双重制约中实现着突围！

"实践发展永无止境，解放思想永无止境，改革开放永无止境。""加快事业单位分类改革，加大政府购买公共服务力度，推动公办事业单位与主管部门理顺关系和去行政化，创造条件，逐步取消学校、科研院所、医院等单位的行政级别。"

这是《中共中央关于全面深化改革若干重大问题的决定》中面向未来的改革信念，也为全国范围内的教育改革指明了方向！

未来，教育会不会在学校外发生并被政府购买？学校教育的某些甚至若干领域会不会通过现代技术被"众包"出去？别忘了，"世界是平的"，而学校就在其中。

当然，在教育改革的道路上，潍坊的许多做法都走在了全国的前列，比如在中央文件倡导之前就取消了校长的行政级别，就进行了"第三方督导"和"管办评分离"等一系列去行政化的改革。

在未来的改革路上，潍坊还能持续进行改革创新、保持领头羊的姿态吗？在"立德树人"的大背景下，潍坊教育人又有哪些宏伟蓝图准备描画呢？这些问题，正是潍坊教育人不断追问自己的问题。

其实，潍坊的教育改革者们已经有了自己的规划。

——继续以制度创新增强教育治理能力，破解教育均衡难题，走出教育均衡，特别是教育的高位均衡之路。中国的区域教育正逐步告别资源短缺的局面，接下来，如何优化现有教育资源，如何集聚优质教育资源，如何使优质教育资源在区域内获得相对的均衡，是区域教育改革的核心之一。在此背景下，必须进一步强化区域内优质教育资源的开发，同时，以持续的制度创新，带动整个区域教育综合管理能力的不断提升。在开发、优化、集聚区域优质教育资源的过程中，实现教育的高位均衡。

——继续以问题解决来激发教育发展的内动力，从教育的历史沿革、现实判断、未来预测等不同的视角来进一步发现问题，在发现问题、解决问题的过程中为教育注入不断更新的力量。问题意识、改进意识永远是区域教育实现自我发展的重要切入点。事实上，寻找问题的过程往往也是问题解决的过程，新的发展挑战往往意味着更大机遇的到来。

——继续坚持开放、包容的心态和做法，借鉴国内和国际教育的成功经验，引入资源，为我所用。在引入和借鉴的过程中，切实改变教育管理者、教育实践者固化的思维及执行式的工作方式，从而打开个人专业成长、学校内涵发展及区域教育提升的新时空。

——继续坚定教育信念，坚持按照教育规律办事，向全国、全世界发出潍坊教育的声音。在教育存在应试取向、功利取向、经济趋向和政绩取向的大时代背景下，坚定信念、坚持规律就是坚定地遵循学生的发展规律和教育的发展规律，并以国家的宏观教育价值导向为准绳，走内涵化的区域教育改革之路，不为外在的喧嚣和杂音所干扰，不忘教育改革为学生成长服务、为社会发展服务、为国家培养人才服务的初衷。

——继续关注时代的整体趋势，强化在大数据、云计算等大时代背景下的课程与教学改革的深度研究，走出一条具有潍坊特色的不断超越自我、不断与世界先进理念接轨的教育改革之路。新的课程观、新的教学观、新的学习观已经在潍坊被重新定义，在理念和实践层面，如何与时俱进是潍坊教育面临的挑战，也是潍坊教育必须承担的责任和使命。

——继续打造潍坊教育的制高点，继续造就名校、名校长和名师，进而引领潍坊教育方向，引领中国教育方向。潍坊的教育改革成全了一批教师、一批校长和一批学校，在全国产生了品牌效应。未来的潍坊教育会进一步提升品牌意识、品质意识，不拘一格识人才、不拘一格育人才，让潍坊的教育大地上生长出更多的名校、名校长和名师，出现有世界影响力的中国本土教育经验和本土教育家！

回首过去，岁月峥嵘；展望未来，天长水阔。

"没有比脚更长的路，没有比人更高的山"，潍坊的教育改革者们，已经站立在新的地平线上，准备踏上新的征程。他们留给世界的，不仅仅是背影！

后　记

《潍坊教育解密丛书》终于要付梓了！

这是潍坊教育改革者们十多年探索的智慧结晶，也是教育部基础教育课程教材发展中心、潍坊市教育局、当代教育家研究院、当代教育家杂志社等多家单位通力合作的成果。这部丛书，不仅凝结着教育改革者的智慧，而且凝聚着方方面面的教育理想主义者共同的努力、探索、希望和情怀。

一个人可以走得很快，一群人可以走得很远。这一部丛书，就是一群人走向远方的一个个脚印。我们不敢自诩走了多远，但我们希望自己的脚印是沙漠中通向绿洲的路标，是黑夜里预示黎明的灯盏，是后来者继续攀登教育高峰的台阶。正因此，我们愿意将一个区域的探索全景式、图文式毫无保留地呈现在您的面前，接受您的审阅和指正。

本丛书的撰写历时两年，在此过程中，教育部基础教育课程教材发展中心始终给予高端的专业指导和价值引领，潍坊市教育局始终及时、准确地提供各类丰富的资料和素材，当代教育家研究院则对丛书的文字与结构进行了全面的梳理和提炼，教育科学出版社为全书最终的呈现形式提供了专业的意见并将之出版。

下面这些同志，分别参与了各分册的编写工作：

《潍坊九问——破解潍坊教育密码》：李振村、朱文君、陈金铭、宗守泳、吴松超、王清林。

《引领百万学生健康成长——新中考改革解读》：曹红旗、杜晓敏、魏延阁、陈启德、刘敏英、李元昌、王树青、孟祥池、张莘莘。

《走在专家办学路上——校长职级制改革解读》：胡筱芹、焦天民、井光进、史祥华、徐媛媛、单既玉、沈万柱、刘仕永、王宝刚、郝建强。

《用课程改变教育——潍坊新课程改革解读》：侯宗凯、崔秀梅、李秀伟、于宏、孙俊勇、姚来祥、王金星、高源、孙云霄。

《教育服务新形态——教育惠民服务中心解读》：郭治平、马全铭、韩金绶、王清林、赵徽、郑明星、童双梅、金琰、魏建欣、解世国、刘天铎、李善峰、于起超、陈昕、李晓丽。

《为教育前行保驾护航——教育督导制度创新解读》：韩光福、王新、马廷福、高彦霞、刘健、魏延阁、贾玉德、李静、武际成、李志伟。

没有这些同志的团结协作，就没有这部丛书的问世。

每一本书从它完稿的那一刻开始，就有了自己的命运，它将与一个个事先不曾谋面的您相遇。

这部丛书，一共六本，就像我们悉心养育的女儿，如今将要与您见面，我们有一份"画眉深浅入时无"的忐忑，更有一份和您"一见倾心"的期待。六本书，环肥燕瘦，相信总有一本能够让您思想上有些许触动。而思想是行动的先导，如果因这小小的触动引发您进一步的实践探索，那么，这部丛书漫长的孕育过程也就有了特别的价值。

出 版 人　所广一
项目统筹　刘　灿　欧阳国焰
责任编辑　杨　巍　池春燕
版式设计　壹原视觉　黄佳菁　吕　娟
责任校对　贾静芳
责任印制　叶小峰

图书在版编目（CIP）数据

用课程改变教育：潍坊新课程改革解读 / 教育部基
础教育课程教材发展中心编 . —北京：教育科学出版社，
2015.9（2015.10 重印）
（潍坊教育解密丛书 / 田慧生主编）
ISBN 978-7-5041-9855-6

Ⅰ . ①用… Ⅱ . ①教… Ⅲ . ①基础教育—课程改革—
研究—潍坊市 Ⅳ . ① G632.3

中国版本图书馆 CIP 数据核字（2015）第 218504 号

潍坊教育解密丛书
用课程改变教育——潍坊新课程改革解读
YONG KECHENG GAIBIAN JIAOYU—— WEIFANG XIN KECHENG GAIGE JIEDU

出版发行　教育科学出版社

社　　址　北京·朝阳区安慧北里安园甲 9 号　　　　市场部电话　010-64989009
邮　　编　100101　　　　　　　　　　　　　　　编辑部电话　010-64981265
传　　真　010-64891796　　　　　　　　　　　网　　址　http://www.esph.com.cn

经　　销　各地新华书店
制　　作　壹原视觉
印　　刷　保定市中画美凯印刷有限公司
开　　本　210 毫米 × 270 毫米　16 开　　　　　版　　次　2015 年 9 月第 1 版
印　　张　11　　　　　　　　　　　　　　　　印　　次　2015 年 10 月第 2 次印刷
字　　数　170 千　　　　　　　　　　　　　　定　　价　35.00 元

如有印装质量问题，请到所购图书销售部门联系调换。